Ce que je peux enfin vous dire

Ségolène Royal

Ce que je peux enfin vous dire

Fayard

Graphisme de couverture : Sylvia Goldschmidt
Photographie de couverture : Marianne Rosenstiehl

ISBN : 978-2-213-70602-3

À mes enfants chéris,
et à toutes celles et ceux
qui ont envie de comprendre
et d'agir, en vérité et en liberté.

Pourquoi ce livre ?

Je n'avais pas l'intention d'écrire tout de suite sur mon expérience politique et humaine.

Mais au moment où la parole des femmes s'est libérée, notamment avec le mouvement #metoo, beaucoup d'entre elles m'ont demandé de témoigner.

« Comment vous avez fait ? » « On a compris que ça avait été souvent violent. » « Mais vous n'avez rien dit. Vous devez nous dire. »

Ce ne sont pas seulement des femmes qui m'ont interpellée, mais également de plus en plus souvent des hommes, des hommes qui disent enfin leur stupéfaction, voire leur effroi, de découvrir ce que les femmes et les petites filles subissent au quotidien. « Vous devez parler pour nos filles, pour nos sœurs, pour nos compagnes, car nous ne savions pas à quel point ça pouvait exister ! »

Alors j'ai fini par admettre que je devais témoigner pour contribuer à cette formidable révolution de la parole des femmes, leur juste révolte contre toutes les formes de violence. Car c'est loin d'être gagné.

Je vais donc, de mémoire, vous dire ce que la plupart des femmes subissent en silence, en politique, et que les hommes ne subissent pas. Pour que naisse un nouveau système politique où on ne voie et n'entende plus jamais ça.

La seconde chose que je voudrais partager avec vous et que j'ai apprise de ma longue expérience des combats écologiques, c'est qu'il y a, entre les violences faites aux femmes et les violences faites à la nature, une vraie ressemblance.

Le vocabulaire, à juste titre, est le même : femme et nature abîmées, agressées, salies, violées, souillées, victimes de prédateurs, d'exploiteurs, d'abuseurs.

La nature a longtemps été considérée comme exploitable et corvéable à merci, comme un bien gratuit que chacun pouvait s'approprier en toute impunité.

La principale cause des malheurs du monde, c'est le dérèglement climatique. Le manque d'eau tue dix fois plus que les guerres, et les migrations climatiques concerneront deux cents millions de personnes dans les cinquante années à venir si rien n'est fait.

C'est donc pour témoigner de la violence faite à la planète et de la violence faite à la femme que j'ai écrit les lignes qui vont suivre.

Ce n'était pas prévu. Ce que j'avais à dire, j'étais certaine de l'avoir dit. Et ce que j'avais à taire, je pensais plus judicieux de l'avoir tu.

J'avais donné la parole à mes convictions, durant mes campagnes et mes combats. Et j'avais astreint au silence mes doutes et mes souffrances.

Comme beaucoup de femmes, j'avais passé un accord avec le silence. Je lui confiais mes peines, mes blessures. Et avec le temps il m'aidait à les dépasser.

Puis cette révolution s'est produite : la parole des femmes s'est libérée. Et aussitôt, j'ai senti que ma parole se libérait également.

Tous les jours, ce que j'avais cru enfoui et peut-être même disparu remontait à la surface.

Je me suis accordé le droit de parler. Et très rapidement, ce droit est devenu un devoir. La raison du silence des femmes, c'est la peur de l'humiliation. Ce me fut difficile, parfois douloureux, d'écrire, car cela m'a fait revivre des épreuves que j'avais rangées dans ma mémoire frigorifiée.

J'ai écrit ce livre en pensant à toutes les filles, en espérant qu'elles n'auront plus à subir le joug du silence. Je l'ai écrit en pensant à tous les garçons, en espérant qu'ils seront de plus en plus à nos côtés dans ce mouvement, parce qu'ils ont tant à y gagner.

Respect de la nature, respect des femmes : et s'il y avait là une réponse aux deux fléaux qui frappent aussi bien la planète que l'action politique, la déshumanisation et le déracinement ? Je le crois, et c'est pourquoi j'ai voulu ici faire œuvre de liberté, utile et créative.

GLYPHOSATE, PESTICIDES :
LA LOI DU SILENCE

Le 10 septembre 2018, j'écris ces lignes alors que mon livre est presque terminé.

Ce matin, l'actualité a un visage : celui, émacié, de Fabian Tomasi, mort à l'âge de 53 ans d'une polyneuropathie toxique imputable à son exposition au pesticide appelé le Glyphosate.

C'est en manipulant des années durant ce produit toxique pour en charger les avions d'épandage aérien qu'il a contracté cette maladie mortelle.

Je pense aux années où ce poison l'a rongé comme il ronge la terre où il est déversé, et je me dis, une fois encore, que la défense des droits humains et la protection de l'environnement forment un seul et même combat.

Ce combat, j'aurais pu complètement passer à côté. Personne alors ne connaissait ce mot mystérieux, désormais connu du grand public. Et un ministre ne connaît pas forcément tout. Mais malheureusement pour les lobbies de Monsanto et de l'agriculture chimique et intensive, je connaissais bien ce sujet par les agriculteurs de ma région dont l'un d'eux, le Charentais Paul François, durement intoxiqué par le Glyphosate, a créé l'association Phyto-victimes que nous avions, en région Poitou-Charentes, décidé à l'unanimité de soutenir. Devenue ministre, je ne l'avais pas oublié et je l'ai invité à la conférence environnementale qui, en 2014, s'est tenue à l'Élysée. Il avait fait en public le récit poignant de son combat contre le cancer et de son engagement auprès des victimes.

Ce produit, comme les OGM, le Gaucho, le Régent tueurs d'abeilles, la région Poitou-Charentes a été le premier territoire à les interdire et à mettre en œuvre cette interdiction dès mon élection à la présidence de la région en 2004. Parfois sous la menace, comme ce jour où les maires qui m'avaient suivie en interdisant les OGM dans leur commune ont été renvoyés, par le préfet, devant le tribunal administratif, où je les ai accompagnés en soutien.

Ce combat était déjà pour moi, il y a plus de quinze ans, une continuité. Il s'inscrivait dans la lutte exemplaire contre le DDT menée par la pionnière Rachel Carson. J'y reviendrai à propos du rôle des femmes en écologie.

« Glypho-quoi ? »

Quand Asa Romson, la ministre suédoise de l'Environnement, m'interpelle en ce début d'année 2016, je vois donc immédiatement de quoi il retourne.

Le 4 mars 2016, je viens d'arriver en Conseil des ministres de l'Environnement à Bruxelles. Avant que nous entrions dans la salle, la ministre suédoise se précipite vers moi et me dit : « Ségolène, est-ce que tu votes comme moi contre le Glyphosate ? C'est irresponsable de vouloir prolonger son usage pour des années encore. Nous devons faire front pour nous opposer au renouvellement de l'autorisation de mise sur le marché. » Je m'étonne, puis je me tourne vers mes équipes et je dis : « Mais le Glyphosate, je n'ai pas vu ça à l'ordre du jour du Conseil des ministres, comment ça se fait ? »

« Glypho-quoi ? » me répond l'un d'eux. Ils se regardent, interrogatifs. Je cherche dans mon dossier, je n'ai rien à ce propos. Un oubli ? Une dissimulation volontaire du sujet inscrit au dernier moment à l'ordre du jour dans les « questions diverses » ? Je réagis rapidement et je réponds à Asa Romson du tac au tac : « Sur ce sujet comme sur tous les autres, la France s'alignera sur la position la plus positive en matière environnementale. Tu peux compter sur moi pour voter contre le renouvellement de l'autorisation du Glyphosate. »

Le non retentissant

À ce stade nous sommes deux femmes hostiles à une décision qui semble aller de soi, mais qui ne va pas de nous. Il est hors de question de céder. Nous nous mettons donc en quête d'alliés, en formant un commando de conviction. Je vais voir la ministre allemande, que je n'ai aucun mal à convaincre. Et en quelques dizaines de minutes, nous avons trouvé une minorité de blocage. L'autorisation du Glyphosate venait à échéance au bout de dix ans : le délai donné à Monsanto pour mettre au point un produit moins dangereux. La position de la France, très observée, a permis de faire basculer une décision autrement acquise à cette multinationale puissante qui ne s'y attendait pas.

Un léger affolement gagne les diplomates qui m'entourent à l'idée que je ne vote pas « comme il faut » en l'absence d'instructions.

Ignorant l'agitation, les conciliabules, les coups de fil et les messages, nous avançons avec mes collègues femmes, bien décidées à nous opposer au pire.

Quand le blocage est acté, c'est la stupéfaction générale. Au lieu du oui de routine escompté, c'est un non retentissant : le non des ministres de l'Environnement qui ont pris leurs responsabilités.

Je sens venir la pression de toutes parts, mais avec mon équipe nous décidons de tenir coûte que coûte.

Je répète la position de la France et mon équipe, solidaire une fois la première surprise passée, répète : la France s'aligne sur la position la plus positive en matière d'environnement de tout autre pays européen autour de la table. Donc, c'est assez simple, la France vote comme la Suède. En aidant la ministre suédoise à faire le tour des participants, je leur ai dit qu'après la COP 21 il ne faut plus laisser faire n'importe quoi. Ça s'est joué à peu. Il aurait suffi que je rate mon train et c'était plié. Je constate d'ailleurs l'importance pour les autres pays de la position de la France. C'est la stupéfaction générale sur un sujet qui avait sans doute échappé au « comité des experts » qui se charge de reprendre la main dans des domaines majeurs qui, si l'on n'est pas vigilant, échappent à la vision politique et responsable devant les citoyens.

De renouvellement d'autorisation temporaire en renouvellement d'autorisation temporaire, je découvre que certains peuvent polluer tranquillement à l'ombre de l'accord de Paris. Mais la partie n'est pas gagnée.

Le Conseil européen décide, quelque temps plus tard, de nous faire voter à nouveau. Comme nous avons visiblement mal voté la première fois, il en faut une seconde. Une convocation des ministres de l'Environnement prévoit une nouvelle réunion à Bruxelles.

Clause de conscience

En France, c'est le branle-bas de combat. Le ministre de l'Agriculture et la FNSEA font le siège de l'Élysée et de Matignon. Dans le Thalys pour Bruxelles, j'informe le secrétaire aux Affaires européennes que je maintiendrai mon vote, ce qui me vaut dans les minutes qui suivent un appel du président de la République ! Il me conseille de lâcher, parce que Jean-Claude Juncker, le président de la Commission, lui met la pression. Je lui réponds tranquillement que ce n'est pas possible. C'est une clause de conscience. Mais que s'il veut un autre vote, c'est son droit institutionnel : il faut me faire remplacer à la réunion de Bruxelles par l'ambassadeur ou un autre ministre. Je laisserai la place sans problème. J'ajoute : « C'est contre les intérêts de la France et de son leadership climatique de voter pour le Glyphosate. On doit s'aligner sur la position la plus courageuse et, honnêtement, je ne vais pas lâcher les Suédois en rase campagne, les Allemands que j'ai ralliés, tous les autres ministres d'autres pays qui sont venus sur cette position. »

Personne n'est venu me remplacer pour lâcher sur le Glyphosate.

L'autorisation reste donc bloquée et plusieurs mois se sont écoulés depuis le premier vote. Le 22 décembre 2016, je m'en souviens car j'étais sur la route du retour de l'inauguration de la route solaire que nous avions réalisée dans l'Orne, c'est Jean-Claude Juncker lui-même qui m'appelle. Décidément, le Glyphosate a le bras long : « Allô, Ségolène, je t'appelle pour le Glyphosate, j'ai eu François, il m'a dit de voir en direct avec toi. » J'aime bien ce président de la Commission européenne. On peut lui parler franchement. Il a joué le jeu à fond pour me soutenir afin d'obtenir à temps les ratifications européennes de l'accord de Paris sur le climat. Je ne peux pas m'empêcher de sourire en imaginant deux des principaux dirigeants européens s'appelant pour me faire céder sur un sujet comme celui-ci. Il ajoute : « Ségolène, tu ne me facilites pas la tâche », en faisant référence à la note que je lui avais envoyée sur la dangerosité du Glyphosate. Puis il poursuit : « Et donc, comment on fait ? » Je lui réponds : « Monsanto a eu un délai de dix ans pour mettre au point des alternatives, pourquoi veux-tu renouveler ? Il faut mettre les fabricants devant leurs responsabilités, sinon c'est la prime aux pollueurs. Et puis, tu sais, les lobbies ont infiltré les commissions européennes d'experts, certains sont payés par les firmes, c'est le moment de nettoyer et de montrer que l'on n'est pas dupe. C'est important pour réconcilier les citoyens avec l'Europe. » Donc je ne bouge pas mon vote et le Glyphosate n'est pas ré-autorisé.

Après mon départ, la France changera hélas de position avec l'arrivée du nouveau ministre de l'Environnement, qui sera contraint d'obéir à une mauvaise instruction, votant pour le Glyphosate pour cinq ans. La digue que nous avions bâtie a cédé. Mais on sait désormais comment ces firmes puissantes se jouent des délais.

La porte, qu'avec quelques femmes résolues nous avions fermée aux lobbies, leur a été rouverte. Mais la bataille n'est pas perdue, car l'opinion citoyenne s'en est saisie, les tribunaux commencent à condamner, et nul n'ignore aujourd'hui ce qu'est le Glyphosate. Et quand la loi du silence se lève, alors le rapport de force peut changer.

I

Femmes en politique : survivre dans un monde d'hommes

Lever la loi du silence

Femme, donc intruse

Les femmes sont depuis longtemps considérées comme des intruses en politique. Paradoxalement, c'est dès que la politique s'est démocratisée, lors de la Révolution française, que la volonté d'éloigner les femmes de ce nouvel espace s'est imposée. Elles ont été immédiatement privées du droit de vote et du droit d'association. Le vocabulaire traduit aussitôt cette élimination. On parlera, sous prétexte d'universalisme, des droits de l'homme au lieu des droits humains, et l'exécution d'Olympe de Gouges, qui défendait l'égalité citoyenne pour les femmes, n'y changera rien.

On a ainsi dit des femmes qu'elles étaient dominées par la nature (à l'opposé de la culture), donc instables, séductrices, donc perturbatrices, et on les a bien sûr renvoyées vers la fonction maternelle avec la culpabilisation qui l'accompagne.

Cette tentative de culpabiliser a franchi les siècles jusqu'à notre époque. Chacun se souvient du consternant « Qui va garder les enfants ? » lors de l'annonce de ma candidature aux primaires présidentielles, agression verbale que toute femme candidate a entendue au moins une fois dans sa campagne électorale – « Qu'est-ce que tu fais là, va t'occuper de tes gosses » –, qu'aucun homme candidat n'a jamais entendue, et bien sûr l'éternel dilemme : si une femme n'a pas d'enfants, elle est suspecte, et, si elle en a, il y a immédiatement un doute sur ses capacités d'engagement. Ce tiraillement existe aussi dans le monde du travail et sert de prétexte à des salaires au rabais.

Je peux témoigner ici de toutes les épreuves spécifiques que nous encaissons, et qui, je le sais, vont surprendre beaucoup d'entre vous, mais telle est la réalité des faits : les insultes, les actes de violence, le vocabulaire, le problème de la gestion de la vie privée, le manque de solidarité, la minimisation des savoir-faire et enfin, sans doute le plus grave, la mise en cause de notre intelligence et même de notre santé mentale. Comme d'autres, je me suis tue sur tout cela, mais le temps est venu de parler, pour aider toutes celles qui veulent parler, et tous ceux qui comprennent que ça doit changer.

Pourquoi une telle loi du silence ?

La raison du silence des femmes sur les agressions de toute nature et dans tous les milieux, c'est la peur de l'humiliation et de la culpabilisation. Si cela peut les rassurer, moi aussi, pour ces raisons, je me suis tue sur bien des épreuves.

Quand une femme parle des agressions qu'elle subit, elle a peur d'être considérée comme coresponsable et donc comme coupable (mais qu'a-t-elle fait pour mériter cela ?). Un homme parvient plus facilement à s'installer dans son statut de victime. Ce qui va lui permettre une résilience plus rapide.

Vos papiers !

Mes premiers pas à l'Assemblée nationale furent de ce point de vue très surprenants. En 1988, je suis élue députée des Deux-Sèvres. Je ferai quatre mandats, réélue à chaque fois plus largement dans cette circonscription rurale où régnait un grand respect mutuel et une volonté d'agir ensemble avec des élus ruraux, en compagnie desquels j'ai vécu les premières mobilisations pour l'environnement lors du sauvetage du marais poitevin contre une autoroute qui devait le détruire à jamais, contre l'enfouissement des déchets radioactifs, contre les pesticides (déjà) et à l'occasion de la création de l'AOC du chabichou du Poitou, devenu célèbre, et que j'avais osé évoquer à la tribune de l'Assemblée comme symbole d'un développement durable prometteur. Bref, l'ambiance sur le terrain était tout autre qu'à l'Assemblée nationale. Tout d'abord, alors que mes collègues députés masculins entraient sans problème au Palais Bourbon après juste quelques semaines de contrôle de ces nouveaux venus, pendant des mois les députées femmes étaient systématiquement bloquées à l'entrée pour justifier leur identité. Avec immanquablement la question : vous êtes l'assistante de qui ? En ce qui me concerne, cela a duré deux bonnes années, avant que mes travaux assidus ne m'apportent une petite notoriété qui me dispensait de sortir ma carte tricolore de parlementaire.

Je sais que beaucoup de femmes subissent cette discrimination dans le monde du travail.

Beaucoup m'ont écrit et interpellée : telle femme médecin qui délivre son diagnostic, mais voit le regard du patient se tourner vers l'infirmier homme, qui demande à parler au chef de service pour avoir une confirmation. Telle cadre qui préside une réunion, mais entend le client demander la présence de son supérieur. Telle créatrice d'entreprise qui demande un prêt bancaire et à qui l'on demande : vous avez un mari ou un père ?

Bref, la caution masculine comme preuve de compétence, avec finalement le même mécanisme mental de marginalisation : la femme, une intruse dans les fonctions de commandement.

Femmes insultées

Mais le plus stupéfiant allait se passer dans l'hémicycle puis dans une commission sur les questions agricoles. Comme l'a raconté Roselyne Bachelot, et je confirme ici la véracité de ses dires qui parfois ont été mis en doute, l'une des premières fois que je suis montée à la tribune de l'Assemblée nationale pour m'exprimer, j'ai effectivement entendu, comme tous les députés présents, l'un d'entre eux me crier

« À poil ! », puis les ricanements de ceux qui l'entouraient, tout cela dans l'absence totale de réaction du président de l'Assemblée et des autres députés. Et puisqu'il faut se justifier, je vous assure que ma tenue n'incitait absolument pas à cette éructation. Mais que peut-il se passer dans le cerveau d'un homme à peu près normalement constitué, dépositaire d'une partie de la souveraineté nationale, en charge d'honorer le pouvoir parlementaire qui lui a été confié par les électeurs et le tout dans la solennité d'un lieu dans lequel j'étais particulièrement honorée et fière d'entrer comme la plupart des nouveaux élus, pour oser dire cela ?

Je ne vois qu'une seule explication, toujours la même : nous sommes des intruses en politique, illégitimes en ces lieux où nous menaçons leurs places et leur domination. Car sinon, comment comprendre de la part de ces pères de famille ces délires verbaux qui ne seraient pas tolérés dans une classe de l'école primaire ? Chaque fois, je ne pouvais pas m'empêcher de penser que ce furent sans doute des hommes aussi infantiles qu'immatures qui décidèrent de déclencher les grandes guerres mondiales ou les dramatiques guerres de décolonisation. Un tel comportement serait aujourd'hui sanctionné, il faut le reconnaître. Ils n'oseraient plus, même si certains continuent à le penser. Ce n'est plus possible parce que le nombre de femmes a augmenté et parce que les nouvelles générations d'hommes ne le tolèrent plus. Mais il est évident que c'est loin d'avoir disparu. Il y a deux ans seulement, j'ai eu l'obligation, au ministère de l'Environnement, de sanctionner un cadre supérieur qui, entrant en réunion, s'adressait aux femmes en ces termes : « Les gros seins à droite, les petits seins à gauche. » Cet individu, coupable par ailleurs de harcèlement sexuel, avait pu sévir en toute impunité, et même bénéficier d'une indifférence pendant plusieurs années, jusqu'à ce que, par hasard, je sois informée de ce comportement.

Ce fut difficile, les résistances furent fortes, et je mesure parfaitement l'énergie qu'il faut pour éradiquer ces comportements et pour que la peur change de camp. Mais j'ai tenu bon, sans doute aguerrie par les insultes que j'avais moi-même subies. Il fut renvoyé en commission de discipline, rétrogradé. Sa hiérarchie, qui s'était tue, a été changée, et l'auteur du signalement, un inspecteur en hygiène et sécurité courageux, récompensé.

Mais pour combien qui agissent en toute indifférence et impunité ? Combien de harcèlements sur les lieux de travail, dont les femmes sont victimes en silence ?

Mais revenons à l'Assemblée nationale.

La vache folle, le singe et les métaphores animales

En novembre 2000, la commission d'enquête sur les farines animales (ce scandale sanitaire qui révélera que les troupeaux herbivores sont nourris avec des déchets des abattoirs) se met en place dans le cadre de la commission des questions agricoles à laquelle j'appartiens. Nous désignons un député du Nord, bardé de références, pour la présider. Élue d'un département d'élevage très concerné par ce grave problème de santé humaine et animale, je suis désignée comme membre du bureau chargée de rédiger le rapport d'enquête. Ce député qui préside annonce alors ma participation au bureau de cette commission de la façon suivante : « Ségolène Royal est désignée. Nous nous réjouissons ainsi de la participation d'une vache folle au bureau de la commission d'enquête sur les farines animales. » J'accuse le coup, humiliée. Je pense à mes jeunes enfants et je me dis que, heureusement, ils n'entendent pas comment leur mère est traitée. Je suis tellement abasourdie par tant de bêtise et d'infantilisme que je ne remarque pas qu'aucun député, même de mon parti, ne le remet à sa place ou ne quitte la salle. Je ne trouve pas la riposte dans l'immédiat.

Ce n'est que dans la soirée, en ruminant l'affront qui m'a été fait, que je trouve la réplique : il vaut mieux une vache folle qu'un vieux cochon. Mais il est trop tard. Ces insultes n'étaient pas l'apanage de la droite. Un jour, pendant ma campagne de 2007, j'ai surpris une réunion de dirigeants autour du patron du PS. Ils parlaient des conseillères femmes qui m'entouraient, en les désignant par ces termes odieux : où sont « les utérus à pattes » de Ségolène ? Je puis vous assurer qu'ils n'ont pas récidivé.

Les métaphores animales utilisées contre les femmes ne sont pas rares : la vache folle pour moi, le singe pour Christiane Taubira – le sexisme se doublant alors du racisme le plus sordide de la part d'une élue FN : « Je préfère la voir accrochée aux branches d'un arbre qu'au gouvernement. »

On peut rajouter les imitations de caquètements ou de bêlements entendus à l'Assemblée quand les femmes prennent la parole.

Les « cercles d'hommes blancs supposés hétéros »

Une étude intéressante, *Des intrus en politique*[1], montre comment, pour ces intruses que sont les femmes, le système politique s'apparente à une arène, tant le fait d'y entrer et de s'y maintenir relève du combat. Je peux en témoigner et ce récit illustre bien cette réalité, notamment lors de la campagne présidentielle : attaques personnelles, procès en incompétence, manœuvre collective. Ce qui nécessite, pour ne pas couler ou disparaître, des stratégies nouvelles.

L'ouvrage ajoute à juste titre que « longtemps, l'élu, le ministre, le cadre dirigeant d'un parti était un homme blanc, aisé et hétérosexuel supposé ». Les portes du pouvoir étaient fermées à celles et ceux qui ne correspondaient pas à cette figure dominante et à cette norme.

---

1. *Des intrus en politique. Femmes et minorités : dominations et résistances*, Éditions du Détour, 2018.

« Elle renvoyait tous les exclus de ce système à une identité présentée comme dangereuse pour l'universalité de la République. » En 1988, effectivement, l'Assemblée nationale correspondait bien à ce « cercle d'hommes blancs supposés hétéros », mais aussi les autres cercles du pouvoir. De nos jours, cette uniformité n'a pas totalement disparu, loin s'en faut.

La France est en retard sur ses pays voisins. Les Françaises obtiennent le droit de vote vingt-cinq ans plus tard que les premiers pays européens à l'avoir accordé, le Sénat ayant refusé six fois le droit à l'élection et à l'éligibilité. Dans les caricatures de l'époque, les femmes sont représentées comme des bigotes ou des idiotes confondant l'isoloir avec un confessionnal ou une cabine d'essayage. Et si trente-trois femmes entrent à l'Assemblée constituante en 1945, si, en 1936, le Front populaire a nommé trois femmes au gouvernement, ce nombre régresse puisqu'en 1958, il n'y aura plus que 2,3 % de femmes au Palais Bourbon et en 1995 moins de 5 % au Sénat et moins de 10 % à l'Assemblée nationale, un des taux les plus faibles de tous les pays du monde qui ont un Parlement. C'est d'ailleurs la date de mon second mandat et j'observe à ce moment-là avec consternation que, depuis mon élection en 1988, rien n'a vraiment bougé.

Seule l'augmentation très récente du nombre de femmes à l'Assemblée nationale fera reculer l'ambiance injurieuse que je décrivais à l'instant. Sans doute aussi le rajeunissement des élus, moins bornés sur ce plan que certains de la génération précédente, qui considéraient que chaque siège occupé par une femme était un siège volé à un homme.

Trois mouvements vont accélérer la prise de conscience : d'abord les lois sur la parité, mais surtout les débats nouveaux qui émergent dans les instances internationales, Conseil de l'Europe et ONU. La crise des partis traditionnels a aussi contraint ceux-ci à poser la question de la présence des femmes pour enrayer l'abstentionnisme et la montée des partis extrémistes.

Les attaques et les insultes que subissent les femmes n'ont rien d'aléatoire. Ce sont des attaques identitaires spécifiques qui consistent à les décrédibiliser en les sexualisant, en les ramenant à leur corps, en minimisant leurs compétences, en les assignant à leur rôle de mère, en les réduisant à leurs émotions (Nicolas Hulot peut pleurer lors de son départ qu'il a lui-même décidé, c'est émouvant ; une ministre femme aurait fait la même chose, on y aurait vu le signe de sa fragilité et de son incapacité à surmonter ses émotions. On aurait même sans doute dit : comment a-t-on pu confier ce ministère qui gère la sécurité nucléaire à une femme qui pleure sur une démission qu'elle a elle-même décidée ?)

Décrédibiliser en sexualisant

Dans la continuité de « À poil ! », l'injure sexuelle est sans doute l'insulte la plus fréquente. C'est Édith Cresson traitée de « Pompadour » par un député, c'est Cécile Duflot sifflée pour sa robe et qui entend « Enlève les boutons ! », c'est Marisol Touraine traitée de « maladie sexuellement transmissible », ou c'est Michèle Alliot-Marie critiquée dans son camp pour ses tailleurs élégants « incompatibles avec la direction d'un grand parti ». Nathalie Kosciusko-Morizet et Rachida Dati en ont pris également pour leur grade. Chantal Jouanno dont son adversaire Pierre Charon dira, sur une chaîne de télévision, en insinuant à partir de rumeurs : « Qu'elle soit sur un tatami ou au lit, elle est tête de liste. »

Cette décrédibilisation est pour certains une récidive obsessionnelle : le politologue Alain Duhamel, qui s'était déjà distingué en publiant, en 2006, un ouvrage sur les candidats aux présidentielles, se limitant précisément à « un cercle d'hommes blancs supposés hétéros », dont j'étais bien évidemment absente, nous explique douze ans plus tard, en septembre 2018, dans un livre où il se répète, malgré douze années de réflexion, qu'il n'avait pas vu venir ma candidature parce que, écrit-il, il « ne s'intéressait guère à la politique des alcôves » et qu'il pensait que le moment venu je m'effacerais. Il avait bien vu, ajoute-t-il, le « courant d'air frais » que je représentais, mais aussi mon « irrationalité, la légèreté de [m]es compétences, [m]on populisme sentimental ». J'incarnais, ose-t-il écrire encore en 2018, « les facilités et les dangers de la démocratie d'opinion ». Et il ajoute : le « phénomène Ségolène Royal a disparu aussi vite qu'il avait surgi ». Les Français, dit-il, sont tombés dans un « piège ». Il répète, comme si le temps s'était arrêté, et je crois entendre mes adversaires de 2007, que je prononce régulièrement « des bourdes comiques ». Rien sur l'absence de soutien de ses amis les éléphants du PS et rien bien sûr sur mon itinéraire politique venu de loin et même de très loin, puisque, comme certains historiens l'ont heureusement fait, lorsque l'on compare mon itinéraire politique avec chacun de ceux de la galerie des prétendants, « hommes blancs supposés hétéros » d'Alain Duhamel, je suis tout sauf un « courant d'air ». Par comparaison avec chacun d'entre eux, je suis la seule à aligner autant d'expériences : ministre à plusieurs reprises, députée réélue quatre fois sans discontinuer, présidente de région, conseillère de François Mitterrand pendant sept ans, et même tout aussi diplômée que ces messieurs ! Et, de surcroît, mère de quatre enfants, donc expérimentée en matière de vie quotidienne. Voilà comment fonctionne le mécanisme grossier de la décrédibilisation, par l'incompétence supposée, y compris l'impasse sur les réalités…

Le pire, c'est qu'à ce moment-là les journaux de gauche censés partager mes valeurs ont été les plus violents : c'est Laurent Joffrin qui en 2007, à un moment crucial de ma campagne, entre les deux tours de l'élection présidentielle, publie dans *Libération* « La gauche bécassine », et c'est aussi ce journal de gauche qui publie le 17 septembre 2007 de larges extraits d'un livre particulièrement sexiste écrit par un ancien Premier ministre socialiste, *L'Impasse* (c'est moi, l'impasse). Voilà un ancien candidat à l'élection présidentielle de 2002, qui sait donc combien c'est difficile puisqu'il n'a pas franchi le cap du premier tour, s'est fait battre par l'extrême droite, et qui a déclaré avec panache quitter la vie politique. Le voilà qui se permet de maltraiter la candidate qui, elle, a franchi la barre du premier tour, malgré les trahisons des cadres de son propre parti. Et qui plus est contre un adversaire qui, outre son talent personnel, est ministre de l'Intérieur et a les moyens qui vont avec, dont toutes les informations de ses services et disposant, on le saura plus tard, de moyens financiers sans doute considérables. Peut-être que je mériterais d'être félicitée plutôt qu'envoyée au bûcher ?

Mais, écrit encore l'auteur de *L'impasse* à mon sujet, « le concept flou de démocratie participative est le signe d'une certaine infantilisation de la vie politique ». Comme le prouve « cette manière de s'offrir aux ovations et aux applaudissements » comme dans une « cérémonie d'adoration ».

Différente, donc inférieure : l'indécrottable machisme

Dans ce pamphlet, l'ancien Premier ministre me désigne comme une « illusion », « la moins capable de gagner », dotée « d'insuffisances réelles ». Il ajoute que je n'ai « ni les capacités humaines ni les capacités politiques » pour diriger. Elle est, dit-il encore en parlant de moi, « une figure seconde de la vie politique » et, selon une bonne vieille rhétorique machiste, il ajoute : « pas taillée pour le rôle », en raison de son « amateurisme ». Et force est de constater que, face aux violences faites aux femmes, la solidarité entre hommes est sans faille : l'auteur de ce pamphlet non seulement n'a pas été rappelé à l'ordre, mais, plus tard, a été récompensé. Récompensé et nommé comme « sage » au Conseil constitutionnel. Quelle sagesse ? Il est évident que si, dans son livre, il avait mis le mot « candidat noir » à ma place, l'auteur de ce chapelet d'injures aurait été renvoyé en correctionnelle pour propos racistes.

Oui, le sexisme est un racisme, il se nourrit du même obscurantisme : différent(e) donc inférieur(e). Cela échappe encore à beaucoup de cerveaux, pourtant prompts à donner des leçons de morale, que l'universalité, c'est l'égalité avec les différences.

À ce moment-là, toute la presse me cherche pour recueillir ma réaction. Heureusement, je suis loin, au Québec, pour une conférence sur les femmes en politique.

Cette distance m'a protégée d'une déclaration aussi violente que l'étaient ces coups, portés par quelqu'un pour qui j'avais de l'estime. Et je lâche à un journaliste qui m'interroge : « Pardonnez-lui, car il ne sait pas ce qu'il fait. » Une fois de plus, je me suis imposé la maîtrise de moi-même, là ou d'autres n'auraient fait aucun cadeau.

Je me souviens aussi, avec tristesse, d'une autre agression d'un journal de gauche, *Le Nouvel Observateur*, qui publiera un pseudo-« appel de 143 femmes » de gauche contre ma candidature (je dis « pseudo » car en fait cet appel n'a recueilli que trois signataires, mesdames Hidalgo, Sabban et Lepetit).

Elles expriment leurs « ras-le-bol » vis-à-vis de la « pipolisation » qui m'empêcherait « d'incarner la réalisation des principes républicains d'égalité et de liberté ». J'ai pensé que *Le Nouvel Observateur* avait tourné le dos à la déontologie la plus élémentaire, puisque jamais il ne publiera les 140 autres signatures annoncées. 140 étaient fantômes et leurs noms sont restés inconnus jusqu'alors. Je me souviens de Jean-Louis Bianco, furieux de tant de méchanceté, rappelant ce mot de Madeleine Albright, l'ancienne secrétaire d'État américaine, qui elle-même en avait vu de toutes les couleurs en tant que femme : « Il y a une place en enfer pour les femmes qui ne sont pas solidaires des autres femmes. » Jean-Louis Bianco dont je voudrais saluer ici l'extraordinaire droiture depuis trente ans que je le connais. Jamais je n'ai entendu ou perçu de sa part la moindre allusion ou plaisanterie de bas niveau. C'est ce profond respect humain en général et des femmes en particulier qui explique sa remarquable action sur la laïcité, action pourtant violemment critiquée par ceux qui utilisent la laïcité comme un fonds de commerce.

La magnifique pétition
de plus de 8 000 femmes – et hommes

Heureusement, il y a eu aussi de la part des femmes de formidables mouvements de soutien qui se lèvent et qui réconfortent.

Le journal *Le Monde* publiera une pétition diffusée sur internet, sur le site 1milliondefemmessenervent.org, où plus de 8 000 femmes – et hommes – s'indignent du

« sort réservé à Ségolène Royal ». Les signataires sont des artistes, dont Catherine Deneuve, Agnès Jaoui, Jeanne Moreau, Sylvie Testud, des universitaires, dont Janine Mossuz-Lavau, Évelyne Pisier et Olivier Duhamel, et des écrivains, dont Marie Darrieussecq, Pierrette Fleutiaux et Hélène Cixous.

On peut y lire : « Il y a quelques mois, tout le monde semblait d'accord pour reconnaître que la candidature d'une femme à la magistrature suprême ne posait plus aucun problème. Angela Merkel et Michelle Bachelet démontraient chaque jour qu'une femme est "un homme comme les autres". Puis petites phrases et grands paragraphes, d'une agressivité stupéfiante, se sont enchaînés. On avait ouvert la boîte de Pandore du mépris misogyne. Ce n'est pas une boîte, c'est une malle au format colonial, un bagage écrasant. »

Cette pétition a été lancée par Maïté Albagly, la secrétaire générale du Planning familial. En 2006, elle a suivi la campagne de Michelle Bachelet au Chili, où elle a entendu de nombreux propos machistes, qu'elle a été stupéfaite de retrouver en France. « Je ne connais pas Ségolène Royal, mais nous nous sentons, en tant que femmes, humiliées par ce qui se dit sur elle aujourd'hui, écrit-elle. Je suis scandalisée de voir cette femme sans cesse attaquée sur sa personne. » Tout ce qu'on dit sur elle, ajoute la pétition, « est énoncé pour la délégitimer, pour montrer qu'elle n'a pas sa place à la tête de l'État ».

Femme dénigrée : une bulle qui dure vingt-six ans

Ce procès permanent en illégitimité et en inintelligence pendant la campagne présidentielle de 2006-2007 me permet de comprendre celui que subissent bien des femmes dans leur milieu de travail. Car c'est ce procès en incompétence qui permet des inégalités salariales. Les femmes ne doivent pas se laisser dénigrer. Non, en 2007, je ne venais pas comme ils le disaient « de nulle part », je n'ai pas « surgi à cause des médias » ou des sondages, je n'étais pas seulement « une bulle », quelqu'un qui fait des « coups d'éclat » par hasard ou qui a « improvisé » des concepts au dernier moment. Non. Et c'est bien cela qui dérange le plus : c'est qu'en 2007 j'ai l'expérience et les idées. Différentes de celles des dirigeants du PS. Je suis prête pour présider et en plus j'ai l'audace d'assumer ma féminité et ma maternité. C'était trop pour eux. Comme je l'ai dit, j'avais les mêmes diplômes que « le cercle d'hommes blancs supposés hétéros », davantage d'expériences, en particulier beaucoup plus de réalisations à mon actif, que ce soit en tant que parlementaire ou en tant que ministre dans plusieurs domaines, avec des réformes qui ont durablement marqué la France, et enfin en tant que chef d'un exécutif local. Des discours aux actes et la morale de l'action. Depuis 1981, date à laquelle j'entre comme chargée de mission à l'Élysée auprès de François Mitterrand, jusqu'en 2006, début de la campagne présidentielle, cela fait vingt-six années de préparation et de formation pour la fonction suprême. Costaude, « la bulle » qui dure vingt-six ans !

On m'a parfois comparée à Emmanuel Macron ou à d'autres, comme surgissant au dernier moment. Rien n'est plus inexact. Vingt-six ans d'expérience et de contacts étroits avec les gens, dans toutes les fonctions électives et ministérielles, avec l'énorme travail que cela représente, c'est un parcours bien différent. Quelques échecs douloureux et beaucoup d'épreuves aussi, dont on apprend parfois plus que de ses victoires et de ses bonheurs.

Femme politique ou mère :
choisissez ou disparaissez

J'ai dit plus haut comment j'avais décidé d'assumer complètement mon statut de mère de famille, tout simplement parce que cette identité est pour moi essentielle, primordiale, et que, au risque d'affaiblir ma crédibilité aux yeux de certains qui n'ont rien compris à la priorité des valeurs, je considère que cette identité explique une grande part de mon efficacité, de ma compréhension des questions de la vie et de ma capacité d'imagination pour le futur. Mais aussi ma capacité à rebondir et à ne pas me laisser couler malgré les épreuves et les chocs.

En septembre 2005, lorsque j'annonce ma candidature à l'élection présidentielle lors des journées parlementaires du PS, la fameuse phrase prononcée par un éléphant du PS, « Mais qui va garder les enfants ? », ne suffira pas à me faire rentrer dans ma cuisine.

Rien que de très classique dans ces attaques : soit on fait de la politique, et cela prouverait que l'on est une mauvaise mère, soit on n'a pas d'enfants, et donc on ne peut pas être un bon modèle politique.

Cette réduction de la femme à sa maternité avait déjà connu une illustration lors du remaniement gouvernemental de mars 2000.

On se souvient du passage bousculé au ministère de l'Éducation de Claude Allègre, qui avait multiplié les provocations, avant de devoir démissionner. Sous sa tutelle comme ministre de l'Enseignement scolaire, j'avais dû tenir la « maison éducation » qui vacillait sous les agressions permanentes contre l'école. Nos relations n'avaient pas été faciles, on s'en doute. Mais j'évitais tout conflit et opposais un silence patient lorsqu'il quittait une réunion de recteurs, où après avoir parlé tout seul pendant deux heures, il se levait et disait : « Je vous laisse avec la ministre déléguée, elle va vous parler des cantines, des enfants handicapés, des sorties scolaires et autres bricoles. » Bien évidemment, les trois quarts des recteurs se levaient et suivaient « leur ministre » et, reconnaissante à l'égard de ceux qui restaient (les quelques femmes rectrices notamment), je levais la séance une quinzaine de minutes après pour ne pas les mettre en difficulté.

Je sais que toutes les femmes qui me lisent et qui subissent les mêmes choses dans les réunions de travail verront qu'elles ne sont pas les seules !

Je revois Claude Allègre m'accueillir dans son bureau et me dire en regardant ailleurs : « L'enseignement supérieur, c'est moi, parce que je suis chercheur ; le lycée, c'est fondamental, c'est moi, et le collège aussi d'ailleurs. L'école primaire, c'est moi aussi car j'ai des idées. Tu t'occuperas de la maternelle. Ah non, se ravise-t-il, l'école maternelle, puisque ma mère a été directrice d'école maternelle, je connais. Je m'en occupe. »

Bon. J'encaisse. Je me pose. Je réfléchis et j'empoigne des sujets dits « secondaires », qui me rendront rapidement plus populaire que ce ministre de tutelle, à sa grande fureur. Lutte contre la pédophilie et contre toutes les formes de violence avec la diffusion de « Mon corps c'est mon corps, j'ai le droit de dire non », ouverture d'écoles en milieu rural, lutte contre le racket, place des parents à l'école, formation des enseignants, insonorisation des cantines et qualité des repas, soutien scolaire individualisé, accueil des enfants handicapés, cours de morale, pilule du lendemain par les infirmières scolaires pour lutter contre les grossesses précoces, etc. Bref, j'ai fait avec passion ce travail, avec les moyens que j'avais, en fédérant des gens formidables auxquels j'ai essayé de rendre ce qu'ils donnaient dans leurs classes et autour à tous les enfants.

Avec tes enfants, tu feras l'affaire

Au moment de la démission de Claude Allègre, j'apprends du Premier ministre que, pour « atténuer son humiliation », Claude Allègre avait exigé et obtenu que je quitte aussi le gouvernement. J'ai encaissé, je ne me suis pas plainte, la cause était entendue. Le jour du remaniement, je coupe mon téléphone, je pars me promener. Respirer. Réfléchir. Me reconnecter à la nature pour retrouver un peu de sérénité. Tardivement, je rallume mon téléphone et il sonne immédiatement : « Ici Matignon, le Premier ministre souhaite vous parler. » Agacé : « Ah, Ségolène, enfin, on n'arrivait pas à te joindre ! Bon, je n'ai personne pour s'occuper de la Famille. J'ai pensé qu'avec tes quatre enfants tu pourrais faire l'affaire, et on a toujours été un peu gêné sur cette question au PS, c'est un sujet de droite. » Un silence. Je fais valoir que j'aurais souhaité être ministre de la Justice, compte tenu de mes expériences de magistrate et d'avocate, et de ma longue expérience parlementaire. Le Premier ministre me coupe : « Bon, la Famille, tu prends ? » Oui. Avant de raccrocher, il ajoute : « Ah, au fait, tu auras aussi les handicapés, on les a oubliés. » C'est ainsi que je deviens le

27 mars 2000 ministre déléguée de la Famille, de l'Enfance et des Personnes handicapées.

Mais la suite de l'anecdote est aussi révélatrice. Avec le remaniement, je suis censée déménager de mon bureau précédent, qui n'était pourtant pas affecté à un ministère fixe. J'avais demandé instamment d'y rester, car j'avais inscrit ma petite Flora, qui avait cinq ans, à l'école voisine afin de la voir le plus souvent possible. La réponse tombe, sèche : « Fais tes cartons… » Donc on me nommait ministre de la Famille, du fait de mes enfants, mais, quand je demandais un geste pour concilier vie familiale et vie professionnelle, la réponse n'était pas celle que l'on aurait pu attendre…

Ce n'est pas aux femmes de chercher à correspondre à l'idée que s'en font les hommes et la société qu'ils dominent, mais c'est aux hommes et à la société de s'habituer à la liberté des femmes. Sur ce point, je me retrouve complètement dans les propos de la nouvelle Première ministre néo-zélandaise qui a assumé être enceinte et annoncé son congé de maternité. Cela m'a fait revivre la naissance de ma fille lorsque j'étais ministre de l'Environnement. Mais vraiment, comme si c'était hier. Elle a aussi remis nettement à sa place des journalistes qui lui demandaient comment elle allait faire. Il y a vingt-cinq ans, j'étais comme elle. Mais le système médiatique était beaucoup plus hypocrite. Il y a eu cette magnifique photo dans *Paris-Match*, avec mon bébé. Et un reportage télévisé dans ma chambre avec mes trois autres petits adorables. Je n'avais rien sollicité, contrairement à ce qui a été dit méchamment. Juste répondu aux demandes des journaux. Au contraire, j'aurais pu me dire que l'image de la maternité allait m'enlever du respect sur le plan professionnel, car c'était tellement contraire à la « virilité » exigée en politique. Mais je voulais avant tout assumer qui j'étais : à la fois une femme, une mère et une ministre. Pendant des années, on m'a, au cours d'interviews, reproché ces photos. Parfois même les médias qui les avaient sollicitées ! Et aujourd'hui je sais que mon équilibre se trouve dans la force que m'ont donnée mes enfants, par l'importance accordée au présent, la projection permanente dans le futur qu'ils permettent et la hiérarchie des priorités qu'ils incarnent. Mais, contrairement à d'autres, je n'ai jamais posé sur une affiche électorale avec mes enfants. Beaucoup d'hommes l'ont fait, et même parfois avec leurs petits-enfants ! Cela ne leur a jamais été reproché…

Ministre diminuée
ou mère imparfaite

Je me suis d'ailleurs souvent demandée si mes détracteurs me reprochaient d'être plutôt une ministre diminuée ou plutôt une mère imparfaite ? C'est une question que se posent toutes les femmes qui ont une double tâche à assumer. Nous sommes sous le poids du mythe de la mère parfaite. Et quand j'y réfléchis bien, l'attaque qui me blessait le plus dans les campagnes électorales, c'est quand quelqu'un s'approchait de moi et me soufflait à l'oreille : « Va t'occuper de tes gosses. » Rien n'était plus violent, plus haineux. Les personnages qui se livraient à cela étaient d'ailleurs toujours très laids. Ce détail m'a frappée. Personnellement, je n'ai jamais ressenti le danger d'être une mauvaise mère. Même si on est sans cesse tiraillée. D'ailleurs, comme ministre de la Famille, j'ai créé le congé de paternité de onze jours, ce qui fait en réalité deux semaines avec le week-end. Une révolution. Un pas de géant pour la parité parentale à laquelle j'avais déjà œuvré au ministère de l'Éducation. Par exemple en octroyant aux pères divorcés qui n'ont pas la garde le droit de recevoir le bulletin de notes de leurs enfants. J'ai aussi fait voter la loi sur l'autorité parentale, intégrée à l'article 371-1 du Code civil, qui prévoit l'association des adolescents aux décisions qui les concernent, et le juste équilibre mère-père dans l'éducation, même séparés.

Mais ce que je voudrais dire aux femmes pour les aider, c'est qu'il n'y a pas de mères parfaites et qu'il faut s'affranchir de ce modèle pesant qui fait d'ailleurs faire des erreurs. Les réseaux sociaux où ne s'affichent que les photos radieuses déforment la réalité. Toutes les mères qui doivent concilier mille tâches vivent des moments de fatigue, de désarroi et de solitude. Des moments où tout d'un coup on se dit : il faut aussi que je pense un peu à moi. Et où on découvre encore et encore que, moi, c'est toujours les autres, enfants, mari, puis collègues de travail et électeurs.

Quand j'ai quitté le ministère de l'Environnement en avril 2017, ça a coïncidé avec l'accès à l'autonomie de la plus jeune de mes quatre enfants, tous heureux de la vie qu'ils ont choisie. J'ai découvert alors un ressenti inédit : découvrir ce qu'est un temps libre, totalement libre, s'occuper enfin de soi, sans contrainte aucune. Je n'ai pas ressenti le syndrome du nid vide. Et je sais que de nombreuses responsables politiques, lorsque la pression s'arrête, ne s'en remettent jamais. C'est pourquoi il faut tout au long de sa vie construire des liens et des centres d'intérêt qui survivent quoi qu'il arrive.

Femmes dénigrées

Il n'y a que l'embarras du choix. L'imagination des dénigreurs a culminé en 2006 et 2007, et, comme chacun sait, elle a été particulièrement violente dans mon propre camp. Dans une totale impunité. Quand un homme est insulté, l'auteur de l'insulte est sanctionné. Quand une femme est insultée, c'est pour faire de l'humour, et si elle réagit, c'est qu'elle en manque. Jamais un candidat à une élection n'avait encaissé une telle avalanche de mépris sans qu'aucune réaction ne vienne l'endiguer. Le plus simple, c'est que je vous livre le florilège de quelques-unes de ces amabilités. J'ai supprimé le nom des éminents auteurs de ces formules mais chacun pourra les retrouver dans les archives. Et eux, se reconnaîtront, j'en suis sûre.

Je n'ai retenu ici que ce qui avait été dit publiquement par les dirigeants du parti censé me soutenir, car je considère que, venant des adversaires politiques, cela fait plus ou moins partie du jeu.

Ça commence par :

« Meneuse de revue. »

« Elle représente ce que j'exècre le plus au monde. »

« Elle chausse les bottes de Le Pen. »

« On commence par faire encadrer les délinquants par l'armée et ça finit par un putsch. »

« On a un Sarkozy dans le pays, c'est pas la peine d'en avoir deux. »

« Une bulle spéculative qui va éclater. »

« Je ne la vois pas responsable du bouton nucléaire. »

« Ce pays a besoin d'hommes forts et d'expérience. »

« Elle se dégonflera comme une baudruche. »

« Elle ne tiendra pas une campagne. »

« Comment confier un 30 tonnes bourré d'explosifs à des gens qui n'ont jamais conduit de poids lourd ? »

« Un microphénomène de mode. »

« C'est le moment mondain. »

« La présidentielle n'est pas un concours de beauté. »

« Pourquoi pas une présidence tournante ? »

« C'est une bulle médiatique qui va crever parce que Ségolène manque de fond. »

« Les militants socialistes ne choisissent pas la couverture de *Paris Match*. »

« Eva Perón à la française. »

« Elle s'usera avant l'automne. »

Les femmes sont fragiles, pas crédibles

Ça continue par :

« Personne n'a peur de Ségolène Royal. »

« Au moment des choix, elle peinera faute d'envergure. »

« Je ne suis pas fanatique de ces roses qui ont la couleur du temps et qui ne durent qu'un instant. »

« Il faut quelqu'un qui tienne la route. »

« Il faut du souffle, il faut du coffre. »

« Être président de la République est un vrai job. »

« Sait-on ce qu'une campagne présidentielle peut représenter comme épreuve personnelle, physique et psychologique ? »

« Mais doute profond sur sa capacité à briguer l'Élysée. »

« Fébrile et excitée comme une gamine. »

« Car face à Nicolas Sarkozy, il faudra un fond solide. »

La violence sans retenue

Et ça finit même par :

« Je vais ajouter une balle dans le fusil de chasse. »

« Plus on est de fous, plus on rit. »

« La preuve que le PS a fait une croix sur 2007. »

« Voyez la mère Merkel, pan dans le popotin ! »

Mère, donc stupide

Et ce n'est jamais fini :

« Super-Nanny de la politique. »

« Dame patronnesse. »

« Mère fouettarde. »

« La maman de fer, la petite mère des peuples. »

« Ségolène Royal ou la tentation du maternage et de l'infantilisation. »

« C'est une vision bornée, insulaire, du repli sur soi. »

« L'ordre moral de la petite mère des peuples règnerait sur nous tous. »

« Ministre de la Famille, des Enfants, du String et du Puritanisme. »

« Si Ségolène Royal est élue, on risque d'en avoir tous besoin, de la pilule du lendemain ! »

« Au pays de Ségo-reine », « dames sécateurs » et « ordre moral ».

Femme, donc bulle médiatique

L'imaginatôn surprend encore quand je les relis :

« Les Français plébiscitent pour l'instant des gens qui leur ressemblent. Ils choisiront le moment venu ceux qui sont capables de les diriger. »

« La différence entre les sondages et les élections est la même qu'entre l'astrologie et l'astronomie. »

« Elle implosera sous la pression des médias qui la forceront à trop parler. »

« Les Français veulent du solide. »

« Avec le débat réel, on va sortir de cette bulle. »

« Le coup d'État médiatique » de Ségolène Royal.

Femme, donc idiote

Parfois j'ai envie de me retourner pour savoir de qui ils parlent :

« Ces conditions favorisent les personnalités périphériques. »

« Le ségolisme, cache-misère de la panne idéologique de la gauche. »

« Un symptôme de la dégradation de la fonction. »

« Candidate imaginaire » même si « la grâce d'une ballerine. »

« Cet engouement ne ressemble pas aux précédents car Rocard, Delors, Balladur ou Jospin avaient un background, une biographie, un itinéraire sans comparaison avec Ségolène Royal. Le phénomène actuel a ceci de singulier qu'il exprime un rejet du monde politique. »

« Il (Sarkozy) veut convaincre, elle veut plaire. Il veut séduire, elle tente d'hypnotiser. Il propose un menu fort épicé. Elle préfère la carte. Une carte blanche. »

« Ségolène Royal ! C'est une marque de détergent, un vrai produit marketing […]. Le jour où elle se met à causer, elle est foutue. »

« Ségolène, en vertu de son inexpérience, se trouve gratifiée d'une stature présidentielle […]. Ce qui se met en place, c'est une espèce de démagogie éclairée. »

« Il n'est pas sain de s'asseoir sur ses valeurs par démagogie. »

« La candidate du dépit démocratique. »

Et au moment de mon soutien à Michelle Bachelet au Chili, où je suis accompagné par le sympathique Patrick Mennucci qui a préparé ce déplacement, nous revient jusqu'à Santiago la réaction inqualifiable d'un des dirigeants du PS. C'est le fidèle Julien Dray, resté à Paris, qui rappellera à l'ordre l'auteur de ces propos :

« Ségolène ne connaît rien à l'Amérique latine, elle apporte la peopolisation à l'Amérique du Sud ! C'est lamentable de leur apporter cette merde. »

Que dire aussi de ce proche du patron du PS qui ne cachait pas de son inquiétude à l'idée de ma victoire et qui répétait à qui voulait l'entendre :

« Je n'ai pas fait tout ça pour servir un prince consort. »

J'espère que tous les auteurs de cc qu'ils devaient eux-mêmes considérer comme « des bons mots » se reconnaîtront, sinon je peux éventuellement leur rafraîchir la mémoire.

Je laisserai le mot de la fin à Nicolas Sarkozy le plus lucide à l'époque et qui, me croisant à l'Assemblée nationale, me lança, goguenard :

« Vos petits copains vont vous manger, vous allez voir ils vont être pires que nous. »

Il n'avait pas tort. Ils ont essayé de me manger mais ils n'ont pas eu ma peau.

Le plus étrange aujourd'hui, c'est de réaliser qu'il n'y avait pas de riposte aux coups. Ce n'était pas mon état d'esprit et, avec mes équipes, engagées dans un travail ardu sur le projet et sur les déplacements de campagne, nous n'avions pas le temps de nous disperser sur les attaques venues de notre propre camp. On se disait aussi qu'en entrant dans la polémique avec ceux qui étaient censés nous soutenir, c'était l'adversaire qui en aurait été le plus grand bénéficiaire. Donc une autre forme de loi du silence…

Mais aussi les merveilleux soutiens

Mais ces attaques ont au moins eu le mérite de déclencher de merveilleux soutiens et des textes magnifiques auxquels je voudrais rendre hommage ici.

Cela ne vous étonnera pas que je donne la parole prioritairement à la grande Ariane Mnouchkine, dont les mots, les pensées, l'intelligence, la présence ont pendant toute cette campagne scintillé comme des soleils – pour reprendre la belle expression de Jaurès : « nous allons rallumer tous les soleils ». Voici un extrait de ce qu'elle publie dans la presse le 11 avril 2007 :

« Je voudrais vous parler de sentiments. Car lors d'une élection présidentielle, et pour celle-ci

plus que pour toute autre, il s'agit aussi de sentiments. Il s'agit d'étonnement d'abord, d'espoir, de confiance, de méfiance, de craintes, et de courage aussi.

[...]

Donc, contre la pauvreté, contre le communautarisme, pour la laïcité, pour la rénovation de nos institutions, contre l'échec scolaire, et donc pour la culture, pour l'éducation, et donc pour la culture, pour la recherche, et donc pour la culture, pour la préservation de la seule planète vivante connue jusqu'à ce jour, pour une gestion plus vertueuse, plus humaine, donc plus efficace des entreprises, pour l'Europe, pour une solidarité vraie, qu'on pourrait enfin nommer fraternité et qui ne s'arrêterait pas à une misérable frontière mais s'étendrait bien au-delà de la mer, bref, pour une nouvelle pratique de la politique, c'est un immense chantier que cette femme, eh oui, cette femme, nous invite à mettre en œuvre. Et moi, je vote pour ce chantier.

[...]

Dépêchons-nous. Il y a du monde qui attend. Allons-y, bon sang ! Vite ! Cette femme, eh oui, cette femme porte nos couleurs, elle les porte vaillamment, courageusement, noblement. Et quand je dis couleurs, je ne parle pas des seules trois *couleurs de notre drapeau. Je parle des couleurs de la France, celle que j'aime, celle de la citoyenneté vigilante, de la compassion pour les faibles, de la sévérité pour les puissants, de son amour intelligent de la jeunesse, de son hospitalité respectueuse et exigeante. Je parle des couleurs de l'Europe, à qui nous manquons et qui nous manque. Voilà pourquoi je vote pour les travaux d'Hercule, je vote pour Ségolène Royal, et je signe son pacte. »*

Femmes rabaissées

Pour en revenir à la discrimination, on la retrouve dans le vocabulaire politique. D'une femme que l'on critique, on dira qu'elle n'a « pas les épaules », qu'elle n'est pas « taillée pour », qu'elle n'a « pas la carrure », que « le costume est trop grand pour elle »… Bref : on dira de mille manières détournées qu'elle ne peut pas réussir parce qu'elle n'est pas un homme.

Même différence pour la situation personnelle d'une femme. Quand on lui demande si elle est « seule », elle doit répondre : « Non je ne suis pas "seule", je suis célibataire. Ce n'est pas pareil. » Or vous aurez noté la différence de vocabulaire entre un homme et une femme. Un homme n'est pas dit seul. Il est dit célibataire. Une femme est dite seule, sous-entendu : personne n'en veut, elle est délaissée. Elle a sûrement un gros défaut caché. Une jeune femme qui tarde à se marier parce que c'est son choix, on la disait vieille fille. Aujourd'hui, on dit : la pauvre, elle n'a pas trouvé. Un homme dans la même situation, on le considère comme un chanceux célibataire qui prend son temps pour faire le bon choix. Il n'est pas esseulé, il est réfléchi. Il n'est pas délaissé, car se trouvent tapies dans l'ombre une ribambelle de jeunes beautés qui n'attendent qu'un geste... Or les situations sont les mêmes que l'on soit fille ou garçon : soit l'envie de profiter de son célibat avant de créer une famille, soit la solitude. Mais ce qui change c'est le regard de la société par rapport à des rôles préétablis.

Dans le même esprit, tout ce qui est retenu comme qualité pour un homme l'est comme un défaut pour une femme. Encore récemment, au détour d'un commentaire sur le film de LCI, *Macron le dynamiteur*, un commentateur sur le plateau a dit en ricanant : il a repris les idées de Ségolène Royal, mais « en moins erratique ». Là où un homme sera créatif ou audacieux, une femme sera erratique. C'est pathétique de bêtise sexiste.

Sexisme au plus haut niveau

Et puis, il y a ces hommes bien sous tous rapports qui balancent, sous couvert de grivoiseries, des horreurs sur les femmes. Je revois ces deux ministres lors d'un sommet franco-italien en mars 2016. Le cadre est magnifique. Matteo Renzi, le Premier ministre italien, a bien fait les choses. Nous sommes dans un bateau en acajou dans la lagune de Venise à la sortie de l'aéroport. Nous sommes en petit comité. Les deux chefs d'État, ainsi que deux ministres hommes (et non des moindres, ils se reconnaîtront) et moi. Les deux ministres regardent le programme de la journée et chuchotent en laissant échapper un rire gras. Mon regard interrogateur leur demande ce qui les amuse autant. Et là, je les revois encore, avachis sur leur siège et sans retenue aucune, s'esclaffer en citant le nom d'une ministre italienne qui doit participer à la réunion de travail : « Celle-là, elle doit être bonne à faire autre chose que de la politique. »

Le président français fait celui qui n'a rien entendu tandis que Matteo Renzi blêmit et croise mon regard consterné. Il ne peut réprimander des ministres français. Je viens à son secours, et par la même occasion au mien, car j'étais vraiment choquée en tant que ministre et humiliée en tant que femme. Je m'entends leur répondre : « Pauvres abrutis, vous avez vu vos têtes ! » Hélas, aussi incroyable que cela puisse paraître, il me faudra vous dire que je subis là une récidive. En effet, lors du précédent sommet franco-italien (24 février 2015), nous sommes autour de la table du déjeuner officiel à l'Élysée. Les deux délégations présidentielles et ministérielles se font face conformément au protocole. Là aussi, le cadre est magnifique et devrait inspirer des pensées élégantes et subtiles, concentrées sur les problèmes aigus du moment. À ma droite, un ministre et non des moindres, et dont le look ne laisse vraiment pas supposer qu'il se laisse aller à tant de vulgarité macho, se penche vers moi et me dit au moment où la même femme ministre italienne s'exprime : « Tu as vu celle-là ? Elle serait meilleure à faire autre chose que de s'occuper de son ministère ! » Je n'en crois pas mes oreilles. C'étaient les mêmes mots. La même vulgarité que sur le bateau à Venise. Ce doit donc être courant de parler entre eux de cette façon des femmes dans l'exercice de leurs fonctions. Je ne sais plus ce qui alors me blesse le plus : la phrase elle-même, ou que ce ministre ait pu imaginer que sa réflexion stupide allait me faire pouffer de rire. Je le regarde et je lui lâche : « Pauvre type, c'est minable. » Il sursaute. C'est une bonne claque qu'il mériterait. Et je me dis : mais combien de femmes ont dû subir sans broncher non seulement les réflexions directes, mais en plus les agressions verbales, devant elles, sur d'autres femmes ? Et avec quelle fréquence ? Car, pour faire des sorties pareilles dans des circonstances aussi sérieuses et solennelles, il faut vraiment que ce soit un tic, une sale habitude.

Femmes agressées mais silencieuses

La première agression physique fut pendant la campagne municipale de Niort. Ma permanence est découverte un matin maculée d'excréments. Ce fut d'une violence inouïe. Une salissure. Vécue comme une atteinte physique très grave. J'aurais dû porter plainte, les électeurs auraient été choqués et m'auraient témoigné leur sympathie. Je ne l'ai pas fait, car je me sentais salie, et je croyais qu'en enfouissant l'affaire je la ferais disparaître de mon esprit et de celui des membres de mon équipe que je voulais protéger. Au fond, c'est le même mécanisme que la loi du silence qui entoure les agressions sexuelles. Le même vocabulaire. Le même besoin aussi qu'une tierce personne dise : mais si, on te comprend, il faut porter plainte et obtenir réparation. Que la colère ne reste pas enfouie car elle contamine lentement et ne permet pas de rebondir. La suite de la campagne sera d'ailleurs un calvaire. Je ne savais plus ce que je faisais là.

C'est encore la même loi du silence que je me suis imposée lorsque mon domicile a été mis à sac. Tout était vidé, retourné, entassé, les meubles jetés sur les autres. C'est arrivé trois fois, la veille de réunions publiques très importantes, sans vol, juste pour m'intimider et me faire peur, avec les affaires de mes filles étalées sur leur lit, comme font les mafieux pour dire : « On rentre chez toi quand on veut et on menace qui on veut. » Je n'ai pas publiquement parlé comme l'aurait fait n'importe quelle victime en campagne pour dénoncer ces méthodes inqualifiables. J'ai pensé qu'en le disant cela déclencherait plus de violence encore et même sans doute des accusations sur ma responsabilité, ma culpabilité. Qu'avais-je fait pour mériter cela ? Le procureur de la République en personne s'est déplacé à mon domicile. Pendant quelques secondes, j'ai eu l'impression qu'il se demandait si je n'avais pas organisé moi-même cet indescriptible saccage pour en accuser mon adversaire. Les empreintes des agresseurs furent retrouvées, mais les commanditaires jamais.

L'agression commence parfois par un détail apparemment anodin. Je pense en particulier à l'implacable « bise », insupportable à beaucoup de femmes, sans qu'elles osent le dire. On fait la bise à ses enfants ou à ses amis, par affection.

J'ai toujours détesté la bise obligatoire, imposée sur le lieu de travail ou dans les partis. J'avais ainsi acquis au PS une réputation de bêcheuse. Mais, ce qu'il faut savoir, c'est que, pour les tripoteurs, cela commence là. Dans ce contact physique imposé, apparemment amical. Et si on s'y soustrait, on passe pour prétentieuse ou coincée. Au ministère de l'Environnement, après avoir entendu une discussion entre secrétaires exaspérées : « C'est insupportable d'être obligée d'embrasser des hommes plus ou moins propres, et sans raison, de sentir des ventres qui vous effleurent, ou encore des doigts visqueux vous malaxer le cou ou les épaules », j'avais mis fin à cette pratique dès lors qu'elle n'est pas consentie, et de nombreuses femmes du ministère m'ont remerciée, et les hommes bienveillants ont découvert cette réalité et ont parfaitement compris. Elles ont été soulagées quand elles ont su qu'elles n'auraient plus à subir cette contrainte qui ne dit pas son nom. Je les ai immédiatement comprises, là où d'autres auraient pu en ricaner ou minimiser, puisque encore récemment j'avais eu à décliner l'offre de bise imposée d'un dirigeant socialiste qui avait la fâcheuse manie de triturer la nuque des femmes qu'il embrassait, avec l'impression détestable que ça laisse. Je lui ai dit en souriant, pour rester aimable : « bas les pattes ». Mais j'ai pensé : combien de femmes, hiérarchiquement sous ses ordres, ne peuvent pas le remettre à sa place ? Le droit de chaque femme à disposer de son corps, c'est aussi dans les petites choses du quotidien qu'il se défend et qu'il s'affirme. Au Parti socialiste, mais j'imagine aussi dans les autres partis, cercles, lieux de travail, cette pratique est implacable. Je m'en suis toujours échappée malgré les critiques, donc j'imagine les pressions quand une femme est en situation de domination hiérarchique. Impossible de s'y soustraire. Tout contact physique, de quelque nature que ce soit, devrait être strictement consenti. C'est simple : « C'est mon corps, j'ai le droit de dire non. Et non, c'est non. »

Femme de pouvoir ?

Dès ses premiers jours en tant que ministre, Nicolas Hulot a cherché à se démarquer des politiques en disant qu'il n'éprouvait aucune jouissance dans l'exercice du pouvoir. Ça tombe bien, moi non plus. Et force est d'admettre qu'en général les femmes n'ont pas le même rapport au pouvoir que les hommes. Les femmes, en général, sont avant tout secrètement inquiètes de ne pas être à la hauteur, et travaillent le plus possible pour parer à tous les procès en illégitimité qu'elles ne manqueront pas de subir. Quand je suis arrivée en 2014 à la tête du ministère, il y avait très peu de femmes dans les postes de direction. Trois ans plus tard, la parité était quasiment faite, changeant complétement l'ambiance de travail. Toutes les femmes, absolument toutes, titulaires des mêmes diplômes que les hommes, m'ont dit : est-ce que je vais être capable ? De tous les hommes que j'ai promus à des postes de direction, aucun ne m'a posé cette question. Tous les hommes ont posé la question de leur rémunération, et c'est parfaitement légitime, une femme sur quatre seulement l'a fait. Cela rejoint d'ailleurs les statistiques nationales et internationales sur la question.

Il faut absolument que les femmes se fassent davantage confiance et intègrent l'égalité salariale. D'autant que leur qualité première, dans laquelle je me reconnais aussi, c'est : faire sans perdre de temps. On a si tôt fait de courir d'une réunion interminable à une inauguration, d'un déplacement inutile à un rendez-vous vain... On ne voit pas filer les jours. Et à la fin de votre mandat, ou bien le jour où vous quittez votre ministère, vous vous retournez et vous vous dites : « Qu'ai-je accompli ? Qu'est-ce qui a changé grâce à mon action ? » L'exercice peut être cruel si on ne sait pas à l'avance quels combats mener et pourquoi on le mène. Car les combats menés au nom de principes, de valeurs ou de victimes sont rarement « rentables » politiquement. Quand il y a des postes à pourvoir, ce ne sont pas les caractères pro-actifs que l'on va solliciter. Mais ceux qui ne font pas de vagues. Erreur. Les grands dirigeants, ceux qui durent, qui laissent une marque, n'ont pas peur de s'entourer de personnalités fortes ; c'est un signe de confiance en eux-mêmes et la garantie d'avoir un bilan.

Plafond de verre

Au cours du quinquennat, je redécouvre ce que signifie le « plafond de verre » qui empêche les femmes de s'élever au-dessus d'un certain seuil hiérarchique. Lorsque le ministre des Affaires étrangères est nommé au Conseil constitutionnel, François Hollande imagine pour le remaniement, l'espace d'un instant, nommer deux femmes à des postes régaliens : Marisol Touraine à la Défense et moi aux Affaires étrangères. Il me consulte. Marisol est enthousiaste à cette idée, me dit-il. Moi aussi, car cela me permettrait de continuer à œuvrer pour la diplomatie climatique et la mise en œuvre de l'accord de Paris sur le climat. J'espère également contribuer à définir une vraie politique de partenariat avec l'Afrique, à un moment où il est fondamental de réduire les écarts entre l'Europe et ce continent, en particulier en profitant du levier des énergies renouvelables, notamment solaires. Mais le « cercle des hommes blancs hétéros » qui l'entourent veille au grain. Et c'est l'un d'eux qui m'informe : « C'est Ayrault qui sera nommé. Tu comprends Ségolène, François en a besoin pour sa prochaine candidature, pour avoir la Bretagne. » Je suis consternée par l'argument et je ne dis rien. Surtout quand on connaît la suite. Pour écarter Marisol, je n'ai pas su quel argument ils avaient trouvé. Les techniques de barrage contre les femmes ou le plafond de verre, oui, elles existent même à ce haut niveau. Le quinquennat s'achèvera sans aucune femme aux postes régaliens.

Ce mécanisme d'élimination *in extremis*, je l'ai vécu en 2007, à quelques heures du dépôt de la candidature à l'élection présidentielle. C'est Michel Rocard qui me rend visite, quarante-huit heures avant ce dépôt, au siège de campagne. Je croyais qu'il venait me proposer son soutien. Il me dit : « Bonjour, Ségolène. Je suis venu te dire, primo, que tu n'y arriveras pas, secundo, qu'il te reste quelques heures pour te retirer. »

Comme cela, tout à trac. Je reprends mon souffle.

« Que veux-tu dire, je ne comprends pas. »

J'ai entendu beaucoup de choses bizarres ou aberrantes pendant ce début de campagne. Mais, là, j'avoue que ma surprise est totale. Je m'attendais à recevoir un responsable politique de haut niveau venant me proposer de mettre son talent au service de la France et je suis face à un camarade qui me délivre commandement d'huissier.

« Oui, reprend-il, tu n'y arriveras pas. Je suis le meilleur candidat. Il faut que tu te désistes en ma faveur. »

Il sort alors d'un classeur une liasse de sondages surlignés au feutre. Je comprends que l'acte de destitution est prêt. Michel me dit :

« Tu vois, j'ai les sondages. Depuis des années, j'ai les sondages. C'est moi le plus populaire dans la durée. Tu dois te retirer. »

Bon. À du jamais-vu pour du jamais-vu, je m'aventure à imaginer ce qui se passerait si je m'inclinais.

« Je ne comprends toujours pas. À supposer même que je me fasse écraser en traversant la rue, le parti convoquerait de nouveau les militants pour désigner un candidat. Et sans nul doute ceux qui ont été candidats le seront à nouveau ! »

Mais Rocard avait tout prévu !

« Impossible, me dit-il, les délais sont trop courts. Tu fais publiquement appel à moi. Je dépose ma candidature au Conseil constitutionnel avant la clôture, et le tour est joué. C'est ta chance. Si tu ne la saisis pas, tu vas être balayée. Tu ne seras même pas au second tour. »

Je m'entends répondre :

« Mais est-ce que tu me conseilles d'expliquer cela parce que je viens de découvrir ma nullité ? »

Il ne répond pas, tout entier concentré sur son raisonnement. Et celui-ci était, d'après lui, implacable. Il venait me tirer du mauvais pas où je m'étais mise. Il venait en quelque sorte me sauver. Malgré la bizarrerie de la démarche et, il faut bien le dire, la férocité de la charge, je le regarde sans sourciller. Et, surtout, sans me mettre en colère. J'ai appris depuis le début de cette campagne à amortir les chocs. Et quels chocs ! À ne pas me laisser démonter. Même si je sais que chaque coup porté laisse une trace, quelque chose qui s'accumule et qui affaiblit, toujours un peu plus, vos défenses face à l'adversaire. Je me suis inventé, dans ces circonstances, un regard d'ethnologue. Je me mets en situation d'observation, comme si j'étais face à une tribu étrange, ou en voie de disparition, et intéressante à observer. Ma curiosité, donc, prend le dessus. Chaque fois. J'évite de penser à la méchanceté, à la bêtise, à la perversité de celui-ci ou de celui-là. Et de ne pas y penser m'évite peut-être d'être contaminée. Et me permet, peut-être, de rester calme, de garder mon sang-froid. L'ancien Premier ministre aurait-il fait la même incroyable démarche face à un candidat homme ? Était-il en train, avec moi, la mitterrandiste, de jouer le dernier round de son match avec Mitterrand ? De prendre une revanche facile ? A-t-il vécu cette scène des millions de fois, rêvant d'avoir ce culot face à François Mitterrand et, naturellement, ne l'ayant pas ? Je ne le saurai jamais. Michel Rocard, contrairement à beaucoup d'hommes politiques, n'est pas un menteur. Et au moins a-t-il eu, lui, le mérite de reconnaître la réalité de ce surréaliste épisode. J'aurais apprécié qu'il proteste lorsque j'ai évoqué la possibilité de me faire écraser en traversant la rue ! Mais j'ai bien tort de m'inquiéter, puisque dans cette hypothèse aussi tout devait être prévu...

Mais femmes pionnières.
La vie, la nature et les femmes

Les violences faites aux femmes ressemblent aux violences faites à la nature. Et ce sont les femmes et leur pulsion de vie qui ont été les pionnières des batailles pour l'écologie. C'est pourquoi, pendant la COP 21, j'avais tenu à organiser un grand rassemblement des femmes dans le village de la société civile. Nous sommes le 8 décembre 2015, à la grande réunion des femmes de la COP 21. Dans l'auditorium Nelson-Mandela, Vandana Shiva, que j'ai invitée, commence : « Quand on attaque la nature, les femmes sont les premières à flairer le danger ! » Cette femme a lancé le pacte de la Terre et fait connaître le mouvement Chipko, grâce auquel les femmes illettrées et méprisées vivant en pleine forêt amazonienne ont lutté contre la déforestation en enlaçant les troncs d'arbres de leurs bras nus. Elle est bien placée pour savoir qu'en effet, à l'échelle du monde, les femmes se tiennent en première ligne du combat climatique.

Femmes oubliées du combat climatique

Tout au long de la COP 21, je fais tout mon possible pour que les femmes ne soient pas les grandes oubliées du combat environnemental. Et pour la première fois dans l'histoire des négociations internationales, l'accord de Paris reconnaît enfin explicitement que les femmes sont, avec leurs enfants, les premières victimes du dérèglement climatique, mais en plus qu'elles détiennent les solutions « d'atténuation, d'adaptation et de gestion des risques climatiques ».

Pourquoi dire que les femmes sont les premières victimes du dérèglement du climat ? Parce qu'elles sont plus vulnérables. Le réchauffement climatique appauvrit les plus pauvres, au nombre desquels on trouve 70 % de femmes. Par ailleurs, réfugiées climatiques sur les routes, elles courent d'autres dangers : agressions, viols, prostitution forcée par les réseaux criminels. Ensuite parce que les femmes ont en charge la subsistance de leur famille et sont donc confrontées à la raréfaction des ressources : aller chercher le bois et l'eau de plus en plus loin, au détriment de l'école quand elle existe. Quarante milliards d'heures par an : c'est le temps que donnent les femmes africaines pour chercher l'eau et le bois. Enfin, les femmes ont majoritairement la charge des activités agricoles, jusqu'à 80 % dans certains pays. L'agriculteur est d'abord une agricultrice. Sécheresses, désertification, inondations, autant de menaces sur les activités agricoles. Sans les moyens de l'autonomie : très faible accès à la propriété foncière, ou aux outils de production, encore moins au crédit, à la formation, aux techniques nouvelles. Une grande révolution dans les pays les plus pauvres serait de mettre en place des écoles agricoles pour les jeunes filles et les femmes. C'est une des propositions les plus structurantes qui surgit lors des dialogues avec les femmes et que je recommande dans mon rapport à l'ONU « Femmes et Climat ».

Les femmes, principales victimes, mais principales solutions

D'autant que l'on voit partout se déployer des solutions innovantes et pratiques qui mériteraient un changement d'échelle. Notamment grâce aux actions de coopération décentralisées, comme j'ai pu le voir au Sénégal, dans la région de Fatick qui déployait avec celle de Poitou-Charentes des techniques de conservation du poisson, des savoir-faire pour la gestion de l'eau, la fabrication de foyers améliorés qui consomment sept fois moins de bois, ou encore de fours solaires. Des milliers de réalisations par les femmes en Afrique, en Inde, en Indonésie, prouvent que des solutions existent, mais qu'elles ont besoin d'un soutien des banques de développement et d'être reconnues comme étant de même importance que les méga projets.

Les études internationales ont montré que si les femmes avaient le même accès que les hommes aux ressources productives, elles augmenteraient leur production agricole de 20 à 30 % et permettraient de nourrir 150 millions de personnes supplémentaires. On sait que, dans tous les domaines, la participation des femmes améliore le monde, mais c'est à l'évidence dans celui des actions alimentaires et environnementales, les deux étant liées, que c'est le plus spectaculaire.

Les grandes voix écologistes sont féminines

Les grandes figures de l'environnement sont des femmes : moins connues que les hommes, peut-être, beaucoup copiées, c'est évident, mais je voudrais leur donner brièvement la parole. Les grandes voix écologistes féminines ne sont pas connues du grand public, alors même que l'écologie est née de leurs combats. Elles ont été beaucoup copiées et recopiées par des hommes, mais ce sont elles qui ont initié nombre de ces batailles. Je pense à Rachel Carson, Vandana Shiva, Wangari Maathai, dans le combat desquelles je me reconnais. Rachel Carson en particulier a donné naissance au mouvement écologique avec son livre *Printemps silencieux*. Elle a commencé dans les années 1940-1950 à partager son éblouissement pour les merveilles de la nature et a rencontré une popularité considérable. Le grand combat de sa vie contre le DDT, pesticide et poison puissant largué à haute dose sur les champs, n'est pas sans rappeler les combats d'aujourd'hui contre le Glyphosate et les néonicotinoïdes.

Le corps des femmes, première terre habitée

Ce rôle central des femmes dans la lutte pour la protection de l'environnement, je le lie au fait que le corps des femmes est la première terre, la première maison habitée par l'être humain. Et donc, s'il est maltraité, pollué, détruit, c'est toute l'humanité qui est en danger.

C'est une femme norvégienne, Gro Harlem Brundtland, qui établit, en 1987, le premier rapport sur la santé de la planète et invente le concept de « développement durable » : ce développement qui répond aux besoins du présent sans compromettre les capacités des générations futures à répondre aux leurs.

Et pourtant, comme l'a fait remarquer la psychanalyste Michelle Orengo, sur les 150 chefs d'État présents à la COP 21, seuls 11 sont des femmes. Et elle ajoute : « Et si c'était cela l'origine du mal ? Ce monisme phallique qui recouvre la réalité et l'expérience sexuée des femmes, cette passion du Un, un seul Dieu mâle, une seule libido, une seule citoyenneté, neutre, un seul sujet, universel, un seul individu, monastique, hors connexion, qui prétend répondre de l'humanité tout entière à l'exclusion des femmes. » Je pense aussi à l'analyse d'Antoinette Fouque : « Le mal qui frappe l'humanité, c'est que, représentée par les seuls hommes, elle s'est amputée de la moitié de l'espèce humaine. Je mets à l'origine de cette violence contre les femmes l'envie d'utérus. Bien plus puissante que l'envie de pénis martelée par Freud, c'est elle qui fonde la misogynie, l'envie du mâle devant la capacité procréatrice des femmes, qu'il détourne, exproprie, exploite. »

Parce que le corps des femmes est le premier environnement de l'être humain, il existe une ressemblance très forte, je l'ai dit, entre les violences faites aux femmes et les violences faites à la nature, à la terre, à la planète, qui sont d'ailleurs des mots féminins. On retrouve ce parallélisme dans le champ lexical du combat environnemental : la planète souillée, les prédateurs à l'œuvre, l'impunité, la loi du silence. Quand il y a brutalité et violence, les hommes profitent et les femmes souffrent. Quand il y a prédation sur la nature, la planète souffre. L'homme irrespectueux prend la terre comme il prend la femme. Dans les deux cas, elles souffrent en silence. Sauf lorsque la fureur se déclenche. Les mêmes ressorts veulent d'ailleurs faire taire cette parole furieuse, que ce soit celle de la Terre ou celle de la femme. Fureur du temps, révolte des femmes provoquant la tornade de Hollywood.

Le nouveau féminisme passe par la prise de conscience d'une Terre Mère, selon la belle expression de Jean Malaurie, d'une terre femme, « bafouée, humiliée, trahie, et pourtant toujours prête à renaître de toute l'abondance de ses dons, comme notre arche stellaire », qui ne doit plus, qui ne peut plus se taire face aux outrages qu'elle subit. C'est la nation femme, la plus grande nation du monde, qui a un travail d'émancipation à achever pour le bien de tous.

À condition de renforcer l'accès des femmes à l'éducation, à la formation, aux technologies. À condition aussi de faciliter leur accès aux financements, dont elles sont éliminées. Toutes les études convergent sur ce point : si les femmes avaient un égal accès aux ressources productives, matériel agricole et prêts bancaires, la production agricole mondiale, et notamment l'agriculture paysanne, pourrait plus que doubler. Voilà l'un des leviers les plus puissants contre les guerres, car celles-ci sont liées ou amplifiées par la misère alimentaire.

La féminisation des titres

En 1992, alors ministre de l'Environnement, je suis la première femme de l'histoire de la République à demander la féminisation du mot qui désigne la fonction.

J'ai toujours été persuadée que le pouvoir en démocratie gagnerait à faire davantage de place au genre féminin.

J'avais commencé en 1988, quand j'ai été élue députée, et que je fus la première femme à féminiser ce titre. Aucun des maires ruraux, ni aucun des citoyens n'y avait trouvé à redire. La féminisation des noms désignant une fonction est utile parce que les mots et les symboles comptent. Le langage témoigne d'un certain état de la société.

L'appellation des métiers traduisait cette idée dépassée d'un pouvoir par essence masculin et d'une position subalterne forcément féminine. Comme toujours, les conservateurs ont crié au scandale. L'Académie française aussi. J'ai entendu à l'époque des arguments sur les mots qui ne pouvaient pas exister au féminin et ceux qu'il ne fallait surtout pas créer. Comme si le français n'était pas une langue vivante ! On m'a doctement expliqué que, du point de vue grammatical, seul le masculin exprimait l'universel. Que féminiser un métier, c'était l'abaisser : directrice de crèche ou, d'accord, mais pas directrice d'hôpital. Quant à se faire appeler « la » ministre, c'était le ridicule assuré ! Bref, une femme montant dans la hiérarchie devait considérer comme une promotion le fait d'être symboliquement transformée en homme !

Petit à petit, l'idée a fait son chemin pour devenir une évidence. La loi prévoira enfin, des années plus tard, la féminisation des noms de professions et des grades. Mais il y a encore des réticences et certaines femmes ambassadrices exigent d'être appelées ambassadeur de crainte de perdre en prestige. L'égalité, cela passe aussi par là. Nos amis québécois, qui n'ont pas la chance d'avoir certains de nos académiciens les plus sourcilleux et qui ont féminisé les titres depuis 1979, ont créé avec beaucoup d'inventivité des mots nouveaux pour féminiser les activités. Les femmes y ont gagné de la dignité et la langue française de la vitalité. Les académiciens dans leurs travaux avaient distingué deux catégories de noms selon la hiérarchie sociale. En haut, les mots masculins à genre unique (maire, médecin, ministre, professeur, sénateur), tandis que pour ce qui est considéré comme plus bas (cuisinier, boulanger, serveur, travailleur), l'académie autorisait la féminisation. On pouvait dire une secrétaire, mais pas une secrétaire d'État ; une boulangère, mais pas une sénateur ; une contrôleuse d'autoroute, mais un contrôleur des finances. Je me souviens d'avoir pris la parole en Conseil des ministres pour demander la féminisation de mon titre en 1992, c'est-à-dire dix ans avant que ce ne soit accepté, en faisant remarquer qu'il n'y avait aucune raison que l'on dise une directrice d'école mais pas une directrice d'administration centrale même si c'était une femme.

Le féminisme a-t-il changé ?

Le féminisme n'est pas dépassé si l'on entend par là le long combat pour l'égalité réelle des hommes et des femmes. Ce qui change avec le temps, c'est la manière de s'y prendre. Les suffragettes avaient leurs méthodes, à une époque où les femmes n'avaient même pas le droit de vote et subissaient la toute-puissance paternelle puis maritale. Dans les années 1970, les militantes du mouvement de libération des femmes ont eu aussi les leurs, joyeuses et provocatrices. Nous sommes aujourd'hui les héritières de toutes celles qui se sont mobilisées pour la cause des femmes. Nous sommes plus fortes des droits qu'elles ont conquis et des prises de conscience qu'elles ont permises dans toute la société. Mais il reste bien du chemin à faire, en France et dans le monde.

Très tôt, j'ai refusé la place que la tradition assignait aux femmes. J'ai vite compris que l'école était ma seule chance d'émancipation, qu'elle me donnerait les armes du savoir, les moyens d'être autonome financièrement et de construire ma vie. C'est ensuite que j'ai compris que l'injustice subie par les femmes faisait système avec d'autres injustices, tout aussi lourdes à faire reculer.

Libres, différents mais égaux

Être féministe, pour moi, ce n'est pas être hostile aux hommes, c'est refuser un système de domination masculine dont ils sont, eux aussi, prisonniers. Car notre émancipation sera aussi la leur, même s'ils ont parfois du mal à l'admettre ! La vraie révolution c'est la mixité et l'égalité. C'est la possibilité pour chacun, pour chacune, de s'affranchir des schémas et des stéréotypes. C'est le droit et le pouvoir de choisir librement son parcours, d'aller au bout de ses possibilités, sans zone interdite ni plafond de verre.

Au bout du chemin, il n'y a pas d'indifférenciation des sexes, mais des hommes et des femmes enfin libres et égaux en dignité.

Pendant la campagne présidentielle de 2007, à la question de savoir quelle serait la première loi présentée au parlement si j'étais élue, plus de dix avant #meetoo, je répondais ceci (qu'immédiatement certains dénoncèrent comme un projet subalterne), lors d'un magnifique meeting dans la salle historique de Japy :

Je ferai de la lutte contre les violences conjugales une affaire d'État. La première loi que je soumettrai au Parlement sera une loi-cadre sur les violences faites aux femmes. Tous les trois jours, une femme est tuée sous les coups de son compagnon. Cela choque, bien sûr, mais tout se passe comme si le meurtre privé, commis à l'abri du domicile, restait mieux toléré que d'autres formes de délinquance et de criminalité. Comme si le conjoint violent était le lointain héritier du *pater familias* romain qui avait droit de vie ou de mort sur sa femme et ses enfants. Je me souviens du titre du livre écrit par Erin Pizzey : *Crie moins fort, les voisins vont t'entendre* (Éditions des femmes, 1995), qui pour la première fois avait levé le tabou. Longtemps, c'est ce qu'on a attendu d'une femme battue : qu'elle se taise.

Bien sûr, il y a des progrès. Ainsi, le viol a été criminalisé, le Code du travail a intégré le harcèlement, des lieux d'accueil et d'hébergement pour femmes victimes de violences ont vu le jour, notre législation s'est enrichie de dispositions utiles quoique inégalement appliquées, parce que les moyens ne suivent pas. Mais beaucoup de femmes sont tellement terrorisées ou traumatisées, tellement démunies aussi, qu'elles n'osent pas dénoncer les sévices dont elles sont victimes. 35 % des femmes agressées sur la voie publique portent plainte, mais on estime à seulement 8 % le nombre de celles qui le font quand les violences ont lieu au sein du couple. Dans 68 % des cas, les enfants sont les témoins directs de ces coups, avec tous les risques de traumatisme et d'échec scolaire, mais aussi de de reproduction ultérieure, que cela comporte.

La nouvelle loi d'avril 2018 a allongé de dix ans la prescription pour les crimes sur mineurs et complété la définition du viol. C'est bien. Mais ce dont nous avons besoin, c'est d'une véritable loi-cadre qui regroupe toutes les dispositions éparses dans le Code pénal, le Code civil, le Code de la santé publique, qui les complète en ne laissant de côté aucune des dimensions de cette question : l'information, l'hébergement d'urgence, le logement, l'éloignement du conjoint violent, le travail, la protection physique et la prise en charge sanitaire des femmes, le problème de la formation des médecins, des policiers, des magistrats, des travailleurs sociaux, la prévention en milieu solaire, mais aussi le traitement des auteurs de violences, l'aide aux associations.

Aujourd'hui encore, malgré de timides progrès, ce travail législatif reste à faire, comme reste à faire un texte vraiment efficace contre le harcèlement au travail, comme reste à faire l'alignement de la loi française sur celles des pays nordiques et de l'Allemagne quant à l'égalité salariale.

Il est évident que la justice a besoin de moyens pour terrasser ce fléau des violences et des inégalités. Le nombre de plaintes pour violence a augmenté de près de 30 % en 2018 suite à l'effet #metoo. Mais, en dix ans, le nombre de condamnations pour viol a chuté de 40 %. Il y a encore tant à faire pour vaincre la honte. Et tant à faire contre l'inégalité salariale qui ne recule pas alors que monte le niveau de diplômes des femmes.

Femme et s'imposant le non-cumul des mandats

S'imposer le non-cumul des mandats : il n'y a qu'une femme pour faire ça ! m'a-t-on dit comme s'il s'agissait d'une transgression (et c'en était une !) lorsque je me le suis imposé à moi-même, dix ans avant qu'il devienne obligatoire.

Mais je l'avais écrit dans mon pacte présidentiel de 2007. Je me le suis donc imposée à moi-même aux élections législatives suivantes. Je l'ai ensuite payé au prix fort. Si j'étais restée députée au moment où je suis devenue présidente de région, je me serais présentée dans ma circonscription et non à La Rochelle en 2012. J'y aurais été élue et j'aurais pu devenir présidente de l'Assemblée nationale et réaliser mon rêve. Mais j'ai fait un autre choix : celui de la cohérence.

En 2004, je suis donc élue présidente de région. Et aux élections législatives qui suivent, en 2007, après la présidentielle, je transmets mon siège de députée (conquis en 1988 et conservé depuis quatre fois) à une femme de la génération qui suit, en disant à mes proches, attristés : « Écoutez, la région, c'est un travail lourd, c'est être responsable d'une entreprise de 2 000 salariés, je veux m'y consacrer faire à fond, entreprendre, imaginer, entraîner ce terri-toire en plus d'élever bien mes enfants. Ce n'est pas sérieux de prétendre que l'on peut être à plein temps députée et à plein temps présidente de région. » Ce choix du non-cumul est alors une petite révolution. Certes, on peut faire les choses à moitié, comme tous les cumulards. Les hommes présidents de région sont estomaqués et m'éliminent de la présidence de l'Association des Régions de France. Ils ont peur que je leur demande d'adopter le même comportement (ce qui d'ailleurs n'était pas dans mes intentions). Politiquement, je le paie donc au prix fort, très fort même. J'ai été lourdement sanctionnée pour être restée cohérente. Mais on gagne toujours en liberté quand on refuse de transiger avec ses valeurs. Le PS, qui avait promis le non-cumul, mettra dix ans le faire voter, tant la résistance des notables fut forte.

Sexe, pouvoir et testostérone

Le Pr Jean Didier Vincent, biologiste, explique dans *Biologie du pouvoir* l'idée selon laquelle « en soi, le sexe ne procure pas d'ivresse, mais lorsque le désir monte, le taux de testostérone soudain libéré est si galvanisant qu'il peut devenir source d'addiction. À quoi il faut ajouter la libération d'ocytocine et de dopamine. » Donc, selon lui, le pouvoir et la sexualité empruntent les mêmes chemins neuronaux... Un psychiatre, Roger Dintrans, explique que les situations de stress peuvent être interprétées comme de l'excitation sexuelle. Et donc conduiraient des hommes de pouvoir, quel que soit le secteur, à accomplir des actes non maîtrisés d'abus sexuels... Ces psychiatres et biologistes expliquent aussi que le charisme, la capacité à séduire, l'aura prédisposent certains à être sur un piédestal ; ils sont alors désignés, selon la théorie du désir mimétique de René Girard, comme des personnages « désirables ». À force d'être regardés et sollicités, ils en viennent à croire qu'ils sont irrésistibles, ce qui les pousserait à commettre certains actes. À cela s'ajoute l'abus de pouvoir, selon la bonne vieille formule de Montesquieu : tout homme qui a du pouvoir est porté à en abuser.

La poussée de testostérone a été aussi évoquée par Christine Lagarde au FMI. Elle souligne que certains hommes sont aussi conduits par leurs fonctions à prendre beaucoup plus de risques, à l'origine notamment de graves crises sur les marchés financiers. Risque pour tous les peuples qui subissent ces crises, donc. On en revient à cette nécessité absolue de mixité. Et à ce constat que laisser le pouvoir entre les mains des seuls hommes peut s'avérer dangereux. L'histoire des malheurs du monde, des guerres et des conflits violents, est une histoire d'hommes. De certains hommes. Poussés par leur testostérone, leur esprit de compétition, leur immaturité. Mais on nous a fait croire que c'étaient les femmes qui étaient « dangereuses » et « incontrôlables ». La réalité prouve le contraire.

En fait, au-delà des explications psychologiques, je pense qu'il s'agit tout simplement pour ces hommes qui manquent de repères ou qui disjonctent au contact du pouvoir, du sentiment d'impunité et de l'abus d'autorité. Le syndrome du petit chef qui s'arroge le droit de cuissage. Mais qui rentre immédiatement dans sa niche s'il y a le moindre risque de sanction. C'est pourquoi, si l'on veut répondre à la détresse des victimes et tendre vers le zéro abus sexuel, il faut des sanctions exemplaires. Et comme disait Françoise Héritier, anthropologue, lutter absolument contre l'idée de la pulsion incontrôlable. Il faut, disait elle, « anéantir l'idée d'un désir masculin irrépressible ». C'est toute la force du mouvement #metoo. Redisons qu'en France, aucun procès retentissant n'a encore eu lieu et que cela reste très difficile pour les femmes d'obtenir réparation et condamnation. Le travail réglementaire, législatif et éducatif reste à faire. C'est lent, trop lent.

Le réconfort de la parole des hommes

Puisque la tentation existe d'assimiler tous les hommes aux trop nombreux prédateurs qui abusent de leur pouvoir et, parfois, de leur séduction, je voudrais dire aussi à quel point je fus entourée de soutiens masculins réconfortants, d'intelligences de chaque instant, d'accompagnements au long court, solides et motivants. Je ne peux pas tous les citer ici, bien sûr, mais je voudrai rendre un hommage tout particulier à quelques-uns d'entre eux.

Lettre ouverte à Ségolène Royal
par Jean-Marcel Jeanneney :

Merci à la générosité, tout d'abord, de Jean-Marcel Jeanneney, ministre du général de Gaulle, dans sa magnifique lettre ouverte publiée par *Le Nouvel Observateur* le 12 avril 2007 :

« *Madame, je ne vous ai entendue et vue qu'à la télévision. Mais vos propos, votre manière d'être, ont fait que, depuis plusieurs mois déjà, j'étais enclin à voter pour vous le 22 avril. Ayant lu attentivement votre livre,* Maintenant, *je ne doute plus de le faire.*

Je suis un très vieux monsieur. Ministre du Général de Gaulle à trois reprises, je fus un des rares qui eurent l'honneur d'être reçu par lui à Colombey, après qu'il eut, en parfait démocrate, démissionné de la présidence de la République parce que désavoué lors du référendum qu'il avait décidé.

Je suis fidèle à sa mémoire. La France, au cours de sa longue histoire, n'a guère eu de chef d'État de cette envergure, parfaitement indépendant de toutes les puissances financières et de tous les dogmes politiques, ne se laissant intimider par quiconque, discernant ce qu'allait être l'évolution du monde et percevant ce qu'étaient les intérêts à long terme de son pays. Mais je n'ai jamais cru à la possibilité d'un gaullisme sans de Gaulle et je me suis vite désolidarisé de ses prétendus héritiers.

Cela dit — et sans vouloir vous écraser sous une telle référence en vous assimilant à cette très haute figure — j'ai le goût de vous dire que je constate d'assez nombreuses analogies entre ses idées et les vôtres, telles qu'elles apparaissent au long de vos trois centaines de pages. D'abord le volontarisme politique, puis l'attachement à la nation, à son passé et à son avenir, comme fondement nécessaire aux solidarités entre les individus vivant sur son sol ; la prise en compte des aspirations populaires mais sans soumission systématique à l'opinion ; l'idée, que de Gaulle énonça dès mars 1968 dans un discours à Lyon, que les activités régionales sont les ressorts de la puissance économique de demain ; encore, le fait que la France, dans un monde menaçant, ne doit pas renoncer à une puissance militaire forte.

Entre vous et lui, il est encore un trait commun : quand on lui exposait un problème de façon abstraite, il vous interrompait : "Alors ! Pratiquement, que proposez-vous ?" Or toujours vous proposez ou esquissez une solution concrète.

J'ajoute que vous rejoignez le général de Gaulle sur trois points, de grande importance. Le premier est la sobriété que vous voulez dans le comportement quotidien de la présidence de la République et du gouvernement. Le deuxième est le recours à l'article 11 de la Constitution, que vous devrez inévitablement utiliser pour modifier celle-ci, en particulier concernant le Sénat. Le troisième est que, comme lui, vous vous appuyez sur un parti, ce qui est indispensable, mais que, comme lui, vous êtes d'un tempérament assez fort pour pouvoir, quand besoin est, vous en affranchir.

Madame la candidate, je vous souhaite de tout cœur bonne chance et vous assure de la grande considération que j'ai pour votre culture gouvernementale, pour votre intelligence, votre sensibilité et votre caractère. »

Le gentleman BHL

Je veux également parler ici d'un homme qui a croisé mon chemin au moment de la campagne présidentielle et dont je dois dire qu'il s'est conduit, d'un bout à l'autre, en parfait gentleman : Bernard-Henri Lévy.

Nous sommes début février 2007. J'approche du terme de ma période de campagne participative où je suis allée recueillir les doléances et les désirs d'avenir des Français dans les *Cahiers de l'espérance*. Le philosophe a publié, dans *Le Parisien-Dimanche*, un article assez désagréable qui me reproche, si ma mémoire est bonne, d'avoir envisagé de faire chanter la *Marseillaise* dans les écoles. Le hasard fait que, ce jour-là, je parle avec l'écrivaine Fred Vargas qui fait partie de mes soutiens. Je lui dis combien l'article de BHL me semble injuste et, surtout, limité. Elle l'appelle, chez lui, à Saint-Paul de Vence. Elle lui dit : « Votre article est absurde ; vous ne connaissez pas Ségolène, vous devriez la rencontrer, l'écouter, vous changerez peut-être d'avis. »

Lorsque nous nous rencontrons, il m'écoute. M'interroge. Et, de tout cela, sort un grand article de lui, qui s'intitulera « Un dîner avec

Ségolène » et qu'il publiera quelques jours plus tard dans le *Wall Street Journal*. Et il me manifestera, à partir de ce jour, un soutien constant, généreux et d'une grande loyauté. « N'hésitez pas, si je peux vous aider en quoi que ce soit, appelez-moi, je le ferai. » Je ne me fais pas prier et décide de tester sa bonne volonté… Nous sommes le samedi suivant. C'est la veille de mon grand discours de Villepinte que les électeurs attendent, certains avec espérance, d'autres de manière goguenarde, mais où je sais que tout se joue. J'ai une masse de matière, la totalité de tous mes discours de campagne, les 55 000 contributions des « cahiers de l'espérance », plus tous les documents que mon équipe a reçus de multiples soutiens. Une montagne. Je dois trouver les mots et la force d'arracher le meilleur de tout ce travail. Je structure en sept grands chapitres mais je mesure le délai très court qui me reste.

J'appelle donc le philosophe que j'avais quitté six jours plus tôt dans de si aimables dispositions. « Allô, c'est Ségolène. Est-ce qu'on peut se voir de manière assez urgente ? » Je sens qu'il hésite. Il n'ose pas me dire pourquoi. Mais la vérité est qu'il est, à cet instant, dans le sous-sol du Crazy Horse où sa femme, Arielle Dombasle, s'apprête à se produire. Il n'ose pas me dire qu'il est en train de veiller aux derniers détails du show qui commence le surlendemain. J'insiste. Il consent. Et nous nous retrouvons, une demi-heure plus tard, dans le sous-sol de l'Hôtel Montalembert, à l'autre bout de Paris, où sa maison d'édition, Grasset, a ses quartiers. Je sais que les services de Sarkozy me pistent, ainsi que tous mes collaborateurs, épient mes rendez-vous les plus discrets, écoutent mes conversations, etc. J'ai donc pris mes précautions en choisissant cette sorte de cave où aucun candidat à la présidence de la République française ne donnerait jamais rendez-vous !

Nous travaillons tout le début de la nuit.

Moitié par écrit, moitié par oral. Puis il rentre chez lui et nous continuons, reliés par fax.

À la fin, pendant que je continue sur le social et l'économie, il rédige dix minutes de discours, ma foi fort inspirées, sur la Russie, l'Amérique, le conflit israélo-palestinien, les droits de l'homme – que je transforme en droits humains. Et, sa mission accomplie, il va dormir. Il est 6 heures du matin.

C'est à moi de jouer. Jusqu'à la prise de parole je me concentre. Mon équipe me rejoint vers 9 heures sans imaginer le marathon de la nuit.

Arrive le moment majeur. La halle de Villepinte est pleine à craquer de 1 500 personnes. Les
photos de presse montreront le contraste entre la
fièvre populaire et les mines taciturnes de certains
au premier rang. Je ne les vois pas. Je suis concen-
trée sur le « Pacte présidentiel ». Le discours, je
dois dire, est bon. Je me sens moi-même portée,
à la fois par le texte et par la circonstance. Je vois,
à mesure que je parle, que l'enthousiasme croît
dans la salle. J'entends leurs applaudissements et
je sens la joie de leur adhésion. La ferveur des
militants est à son comble quand j'arrive à la
fameuse septième partie, sur la politique étrangère, à laquelle je dois à la vérité de dire que je
n'ai quasiment pas touché. Immenses applaudissements de fin. Rappels. Les télévisions retien-
dront aussi ce passage improvisé, couvert de cris
d'enthousiasme, sur les enfants : « Je veux, et je
l'ai là, chevillé au corps, pour tous les enfants de
France, ce que je veux pour mes propres enfants. »

L'amitié de Bernard-Henri Lévy ne s'est, dès
lors, jamais démentie. Je l'ai revu avec Fred Vargas et avec sa femme, chaleureuse et cultivée.

Il savait que je voyais aussi beaucoup son
ennemi intime, Jean-Pierre Chevènement, qui
me tenait d'ailleurs, souvent, un discours dia-
métralement opposé au sien, mais ça le faisait

plutôt rire. Il a même dû arriver que je quitte l'un pour aller retrouver l'autre et vice versa. Mais que peut demander de mieux une candidate, de surcroît abandonnée par ceux qui auraient dû la soutenir, que de bénéficier des conseils de deux esprits libres, francs-tireurs l'un comme l'autre, et situés aux deux extrêmes du spectre idéologique de la gauche ? Le souverainisme de l'un… L'internationalisme et le droit-de-l'hommisme pour l'autre. C'est vrai qu'ils ne s'appréciaient pas. Mais, pour moi, c'était l'idéal. Je savais où était la position juste : souvent à équidistance des deux.

J'ai déjà dit tout le bien que je pensais de Jean-Pierre Chevènement, même si je ne partage pas toutes ses opinions, et notamment son point de vue sur les relations entre l'Etat et la Corse. Car je crois, moi, que le moment est venu d'ouvrir un nouveau dialogue avec des dirigeants qui portent haut les attentes et les espérances du peuple corse. J'utilise ce mot volontairement, comme une reconnaissance du travail et du courage des élus actuellement aux responsabilités en Corse.

La droiture exigeante
de Jean-Pierre Mignard

Même s'il la connaît, je tiens à insister sur la gratitude que j'ai envers lui. Cet ami fidèle, plein de droiture, d'exigence intellectuelle, de culture religieuse (mais avec un recul particulièrement courageux : il vient par exemple de signer la demande faite à l'Église catholique de faire toute la lumière sur les crimes de pédophilie), ne m'aura manqué à aucune étape et à aucune épreuve de mon itinéraire politique et personnel.

Parrain de plusieurs de mes enfants, il est aussi d'une attention délicate vis-à-vis d'eux et je lui en suis reconnaissante. Il est d'une culture et d'une intelligence fulgurantes, et là où l'on a parfois du mal à identifier les enjeux idéologiques, il vous met tout de suite en place une grille de lecture qui ouvre de nouvelles perspectives.

L'homme d'État Jean-Louis Bianco

Il a dirigé ma campagne présidentielle et a accompagné tous les soubresauts qui suivront. Avec panache et discrétion. Autorité morale avec l'équipe et bienveillance.

Jean-Louis Bianco, personnalité unique en son genre, c'est-à-dire à la fois évoluant aux plus hauts sommets de l'État mais aussi d'une grande modestie, toujours disponible, toujours réactif, toujours positif, et que je n'ai jamais vu, même au cours d'un coup de fatigue, émettre le moindre propos désobligeant, vulgaire ou même banal. Après la campagne, il m'aidera à fédérer autour de Désirs d'Avenir tous les intellectuels qui viendront animer nos universités populaires où se pressaient chaque fois des centaines d'auditeurs.

Edwy Plenel, inventeur du Zorro au féminin

Tous les hommes qui se sont exprimés pour me soutenir et que je n'ai pas pu citer ici me le pardonneront. Je voudrais néanmoins prendre encore un peu de temps pour évoquer l'un d'eux, que je ne connais pas particulièrement, parce que son soutien était à la fois surprenant et original. Il se manifesta par une longue chronique qui s'intitulait : « Et si Zorro était une femme ? », publiée par *Le Soir* le 20 avril 2007.

Il écrivait notamment : « "On ne naît pas femme, on le devient" : le rappel de cette affirmation célèbre de Simone de Beauvoir, dans *Le Deuxième Sexe*, suffirait à indiquer, en simple résonance, où se situe la réponse logique à cette hystérie politique :

chez une femme, justement. La force de Ségolène Royal tient à ce chemin parcouru, pour devenir ce qu'elle est, contre toutes les fixités imposées, de si longue éternité, aux femmes, qu'elles soient familiales, sociales ou sexuelles. Nombre d'hommes, en politique ou en journalisme, ont beau médire ou moquer, il leur faudra bien en convenir : dans cette campagne, la cohérence aura été plutôt du côté de la candidate socialiste.

Depuis plus d'un an, elle n'a jamais perdu de vue sa cible essentielle : les classes populaires, ces quatorze millions d'ouvriers et d'employés qui peuvent faire la décision et qui, en 2002, avaient, pour l'essentiel, déserté la gauche. C'est à eux qu'elle parle d'abord, c'est eux qu'elle écoute surtout. Or ce sillon creusé sans relâche, jusqu'aux caissières de grandes surfaces visitées cette semaine, mène à une tranquille révolution qui est le non-dit de cette campagne : l'événement immense que représenterait l'élection d'une femme à la présidence.

Car on oublie trop combien la question du rapport des sexes est une question éminemment politique, où gît la matrice de tous les modèles hiérarchiques de pouvoir. Dans un récent essai (*Penser le sexe et le genre*, PUF), une universitaire, Eleni Varikas, commence par évoquer ce passeur de frontières, fade Don Diego le jour et flamboyant Zorro la nuit, qui était son héros d'enfance quand, fille caméléon s'inventant son identité, elle savait se battre comme un garçon. Tant pis pour Nicolas Sarkozy, mais c'est ainsi : Zorro, cet aristocrate qui défend les pauvres, choisit son identité, s'invente sous son masque pour refuser toute fatalité et combattre les injustices.

Ne le dites pas, car c'est un secret : enquête faite, Zorro, c'est une femme. »

II

Femme écologiste : survivre dans un monde de lobbies

Lever la loi du silence

L'expérience de la loi du silence que j'ai dû m'imposer pour les raisons que j'ai dites m'a, c'est évident, rendue plus forte pour venir au secours de ceux qui la subissaient et pour exiger une vérité démocratique. C'est le même mécanisme qui opère dans la domination sur les femmes et dans la domination sur la nature. À l'inverse, dans un cas comme dans l'autre, chaque fois que la vérité surgit, le respect progresse. Et l'inquiétude change de camp, elle passe de la victime au prédateur. Les batailles furent difficiles, parfois épuisantes, mais tellement réconfortantes quand elles furent gagnées. Les crises ont révélé des rapports de force à renverser.

Femme dans un monde d'hommes, écologiste dans un monde de lobbies, j'ai souvent vu dans ces deux champs d'action les mêmes obstacles à surmonter : la loi du silence, l'indifférence, la désinvolture, le rapport de force inégal et la victoire quand ce rapport de force se retourne. Vous allez le découvrir dans les récits qui suivent.

Sivens, la mort injuste de Rémi Fraisse

Le 27 octobre 2014, le lendemain de ce drame, ma directrice de cabinet au ministère entre dans mon bureau et m'annonce que Rémi Fraisse est mort « en se faisant exploser tout seul ». Je mesure immédiatement la gravité de la situation, ce qui ne m'empêche pas d'être rapidement dubitative : « Il s'est fait exploser tout seul ? – Oui, il y avait une grenade dans son sac à dos. » Cela me semble totalement incongru qu'une grenade explose toute seule. Je réponds : « Contrôlez quand même l'information, parce qu'une grenade, en fille de militaire, je sais que ça n'explose pas comme ça. Vérifiez. D'où tenez-vous cela, d'ailleurs ? Du préfet en direct ? Du ministère de l'Intérieur ? Vérifiez, parce qu'une grenade, pour exploser, doit être dégoupillée. Donc je ne vois pas comment on peut dégoupiller une grenade qui se trouve dans un sac à dos. » L'information était inexacte. La tragédie, hélas, était vraie.

La mort de Rémi Fraisse, lors du conflit autour du barrage de Sivens, est l'événement le plus grave de mes trois années au ministère de l'Environnement. C'est une mort injuste sur le chemin d'un projet mal conçu.

Tout commence lors d'un discours de Manuel Valls, accompagné du ministre de l'Agriculture, devant les jeunes agriculteurs : le barrage de Sivens se fera, martèle-t-il. Double problème : d'abord des contentieux sont encore en cours devant la justice. Ensuite, c'est la ministre de l'Environnement qui est juridiquement compétente, car il s'agit de l'application de la loi sur l'eau. Or, je n'ai pas été consultée, et donc je n'ai pas pu tirer la sonnette d'alarme. Les deux ministres se doutaient que je n'étais pas favorable au projet. Ils ont voulu passer en force en me court-circuitant.

La situation se dégrade très rapidement sur le terrain. Alertée par la Confédération paysanne, avec laquelle j'ai toujours gardé des liens, je me dis qu'il faut prendre une initiative. Autour de moi, certains conseillers, à juste titre exaspérés, me recommandent de ne pas bouger et de laisser Matignon et les ministères de l'Agriculture et de l'Intérieur se débrouiller avec ce qu'ils ont déclenché. Mais je n'aime pas les situations de blocage qui s'enveniment. Et je trouve que la gendarmerie est inutilement et dangereusement exposée.

Au mois de septembre, j'envoie sur place sans délai une inspection pour qu'il y ait au moins un lieu de dialogue. Le rapport qui m'est remis à l'issue de ce dialogue met en exergue les sévères carences environnementales du projet et l'illégalité des autorisations délivrées par le préfet, qui seront d'ailleurs annulées par la justice administrative en juin 2016.

Une grande manifestation est annoncée sur place. Je propose que l'on publie le rapport pour faire retomber la pression et que l'on annonce la suspension du projet, le temps pour les parties de répondre aux arguments avancés. Lors d'une réunion à Matignon, Bernard Cazeneuve et Manuel Valls décident de laisser se dérouler la manifestation et de ne pas rendre public le rapport.

Le 26 octobre, c'est le drame : la mort de Rémi Fraisse, jeune botaniste bénévole au sein de l'association France nature environnement. La mort violente d'un militant pacifiste.

Pendant trois jours, le silence du gouvernement se fait assourdissant. C'est le désarroi et l'hésitation à Matignon et à l'Intérieur. Je me tais. Cette fois, qu'ils se débrouillent, puisqu'ils ne m'ont pas écoutée. Ils n'osent plus me demander d'intervenir. C'est le secrétaire général de l'Élysée qui m'appelle : « Ségolène, tu pourrais dire ou faire quelque chose ? » Quand le Conseil des ministres se réunit, personne n'a encore réagi et les informations de terrain se font alarmantes, notamment le risque de convergence d'une partie des occupants de Notre-Dame-des-Landes vers Sivens.

En marge du Conseil, un échange a lieu. Bernard Cazeneuve, penaud, sent que ses jours place Beauvau sont comptés si la situation dégénère, et se fait pressant, me demande d'intervenir. « Ségolène, rends public ton rapport et renoue le dialogue, s'il te plaît. Je te promets que l'on n'interférera plus. » Le rapport est rendu public, je convie au ministère l'ensemble des parties, qui acceptent, je présente mes condoléances à la famille et aux militants de France nature environnement dont le président, que je connais bien, montrera un sens des responsabilités exemplaire, en ne s'opposant pas à la reprise du dialogue, malgré le terrible drame. Tous ensemble, hommes et femmes de terrain respectueux les uns des autres, nous avons réussi à apaiser la situation et à faire respecter la loi. Fait assez rare pour être souligné : Bernard Cazeneuve m'en remerciera sincèrement. Que soient salués ici toutes celles et tous ceux qui, pendant plusieurs jours et nuits, ont agi dans l'ombre avec moi pour trouver une issue pacifique.

Notre-Dame-des-Landes, l'aveuglement

Le 12 octobre 2015, j'écris au Premier ministre, Manuel Valls, mon opposition à la reprise des travaux de Notre-Dame-des-Landes en me fondant sur une base juridique. Contrairement à ce qui est dit et répété, les recours ne sont pas parvenus à leur terme, et une procédure pré-contentieuse a été ouverte par la Commission européenne et adressée aux autorités françaises le 16 avril. Le projet n'étant pas conforme à la réglementation sur la protection de l'environnement, et notamment à la loi sur l'eau, des contentieux, y compris au niveau européen, sont à prévoir. Dans ces conditions, pourquoi reprendre les travaux ?

C'est la question que je pose à Matignon lors de cette réunion, en présence des présidents de région concernés, au cours de laquelle je me fais prendre à partie. Jean-Marc Ayrault et d'autres élus du territoire nantais sont présents. Celui-ci se fait cinglant : « C'est décidé, tranché, arbitré. » En bref, circulez, il n'y a plus rien à voir. Mais, justement, il y a encore un peu à voir et beaucoup à dire, si l'on prend la peine de lire le dossier. Je leur indique qu'il existe une objection argumentée de Bruxelles à ce grand projet. Et là, c'est une explosion d'invectives : « Tu ne connais rien au dossier ! », « Tais-toi ! », « Tu nous le paieras ! » Ils sont hors d'atteinte du moindre raisonnement. Ils font ce qu'ils reprochent en permanence aux femmes : ils perdent leurs nerfs.

Quand je leur suggère de relancer une expertise, leurs cris redoublent et ils me disent qu'ils en ont déjà fait une. Sauf que l'expertise avait été confiée au bénéficiaire du marché, qui a trouvé mille bonnes raisons de recommander un aéroport deux fois plus grand que nécessaire. Sur fond de manque de discernement entre le promoteur et certains services instructeurs, beaucoup trop d'hectares ont été gelés, déclenchant dès le départ une levée de boucliers. Si l'État avait contrôlé le processus, les choses auraient pu être différentes. Mais là, le projet s'était mué en gigantesque opération de promotion de zones commerciales privées construites avec des financements publics.

On connaît le dénouement. L'arrêt d'un projet infaisable. Reconnaissons à l'actuel gouvernement d'y avoir mis fin. Davantage pour des raisons d'ordre public qu'environnementales, certes, mais c'est fait.

Boues rouges toxiques, l'impunité jusqu'à quand ?

Nous sommes le 19 septembre 2015. Je reçois, dans mon bureau du ministère, les dirigeants d'une entreprise de Gardanne qui pollue hélas la Méditerranée depuis vingt ans et qui sollicite pour cela une nouvelle autorisation. Je refuse, malgré leur chantage à l'emploi, de les laisser continuer à polluer en toute tranquillité. Un des responsables de l'entreprise, après m'avoir assuré que ce qui polluait hier ne pollue plus aujourd'hui, ouvre un coffret en bois d'où il tire des fioles transparentes : « Vous voyez, madame la ministre, on est très responsables,

les rejets sont transparents, ce n'est plus toxique du tout. » J'ai sous les yeux nombre d'analyses qui m'assurent du contraire. Je lui demande : « Vous êtes certains qu'il n'y a là-dedans ni mercure, ni arsenic, ni d'autres poisons ? » Il me certifie que non. Je le regarde droit dans les yeux et je lui dis : « Écoutez, monsieur, si ce n'est plus toxique, vous voulez bien s'il vous plaît ouvrir cette fiole et la boire ? » Il blêmit et évidemment n'en fait rien. Pourtant, dans les jours qui suivent, Manuel Valls et Emmanuel Macron (ministre de l'Industrie à ce moment-là) leur donnent l'autorisation demandée contre mon avis.

Le jour où je découvre les « boues rouges », appellation presque bucolique pour des substances pourtant radioactives et chargées de métaux lourds, c'est parce que la décision de donner une nouvelle autorisation d'utiliser la mer comme une gigantesque poubelle gratuite relève de ma signature. Je demande à voir toutes les archives pour maîtriser à fond les enjeux. Édifiant.

En 1966, le gouvernement avait autorisé la société Pechiney à rejeter sans aucun traitement des rebuts industriels qualifiés à l'époque d'inertes, alors qu'ils sont radioactifs, à sept kilomètres des côtes, dans une fosse en pleine Méditerranée. Les images de ce fond marin sont terribles. Il n'y a plus aucune vie sous-marine, tout est rouge, et un tuyau qui a cinquante ans d'âge continue d'infester la mer de substances hautement toxiques. Tout cela parce qu'alors, à Gardanne, on produit de la bauxite, aujourd'hui épuisée et importée d'Afrique au terme de circuits d'exploitation et de transport d'ailleurs bien opaques (l'entreprise ayant refusé de me transmettre son *business plan*). En 1996, donc, le gouvernement donne un délai scandaleusement long (d'ordinaire, les délais concernant les pollutions dangereuses sont de cinq ans maximum, pour pouvoir contrôler l'amélioration des procédés) de vingt ans à l'industriel, en lui enjoignant de faire en sorte qu'au 1er janvier 2015, l'usine n'effectue plus le moindre rejet en Méditerranée. Manque de chance pour eux, c'est moi qui suis ministre, en 2016, au moment de l'examen du renouvellement de ce bail à polluer. Je découvre dans les archives du dossier que la nouvelle autorisation, donnée en 1996 pour vingt ans, est assortie d'un commentaire du préfet, qui écrit : « Le rejet n'est pas acceptable indéfiniment [...] mais ce compromis n'a pas donné lieu à des réactions sensibles localement de la part des associations, seul monsieur Rastoin, le maire, qui est par ailleurs un partenaire très écouté, vieux et plutôt solitaire, continue à agiter le contentieux. » Autrement dit, c'est très mauvais pour la santé et pour l'environnement, mais personne ne dit grand-chose sur place, donc poursuivons !

En épluchant consciencieusement, comme le ferait un magistrat administratif (que je suis), le volumineux dossier, je mets au jour de graves anomalies.

D'abord, je découvre que l'exploitant n'a pas respecté les maigres engagements qui lui avaient été demandés en échange de son bail à polluer de vingt ans. Les boues au sol ne sont pas recyclées, et les rejets en mer continuent… au cœur de ce qui est, depuis 2012, le parc national des Calanques. Ensuite, l'entreprise est subventionnée par l'Ademe, établissement public de l'État, pour le même montant que les redevances pollution !

Le 30 novembre 2015, je commande une étude à mon inspection générale. Puis je motive le non-renouvellement d'autorisation à empoisonner la mer et je demande que l'on travaille sur un projet de reconversion du site. Immédiatement, les dirigeants de l'entreprise et leurs alliés, parlementaires et hauts fonctionnaires, alertent l'Élysée et Matignon en disant que je veux fermer une usine et mettre 400 personnes au chômage.

De son côté, l'entreprise exerce des menaces par le biais d'établissements qu'elle possède dans d'autres départements. Je maintiens le cap et, avec mon excellent directeur de la prévention des risques, nous lançons une analyse toxicologique indépendante. Auparavant, c'était l'entreprise qui fournissait ses propres analyses ! Comme elle ne peut pas être juge et partie, nous prenons la main et découvrons d'importantes teneurs en mercure dans la zone de rejet. Ce qui n'est pas étonnant quand on sait que l'entreprise déversait jusqu'alors dans la mer 770 tonnes de matières de suspension par jour, dont 64 tonnes d'aluminium, 270 tonnes de fer, 42 kg d'arsenic, 80 mg de mercure radioactif.

Mise en difficulté par ces chiffres, l'entreprise propose alors de moins polluer en ne déversant « que » 227 tonnes par jour de résidus solides, dont 6 tonnes d'aluminium, 83 kg de fer, 11 kg d'arsenic et 20 mg de mercure.

Je continue de m'opposer à une nouvelle autorisation. Mes collaborateurs reçoivent l'ordre de Matignon de me faire signer. Je vais m'expliquer avec Manuel Valls, en tête à tête. Je lui montre les données scientifiques. Il s'obstine. Alors je lui écris : « Je ne prendrai pas la responsabilité de signer une telle autorisation. » Je lui parle clairement dans le courrier du risque de contentieux et de mise en danger de la vie d'autrui. Il me dit que c'est lui le chef. Je lui réponds que je ne trahirai pas la mission qui est la mienne : protéger l'environnement et la santé publique, et que, clause de conscience, je ne signerai pas. Il donne l'ordre au préfet de signer l'arrêté – arrêté d'ailleurs annulé en septembre 2017 dernier.

Il aurait fallu le courage, comme je le proposais, d'engager la mutation de ce site industriel en se tournant vers le futur, par exemple en y installant une centrale solaire. Le Premier ministre et le ministre de l'Industrie n'ont rien voulu savoir. Ce combat-là n'est pas terminé et les riverains et associations qui se pourvoient en justice recevront tout mon soutien. Quant aux emplois du passé, l'expérience prouve que c'est quand on refuse les évolutions indispensables qu'ils sont détruits.

Roland-Garros ou le massacre d'un espace boisé protégé, en plein Paris et en pleine COP 21

Le projet d'un nouveau terrain de tennis couvert à Roland-Garros, au cœur d'un site classé, et nécessitant d'abattre près de 200 arbres, arrive sur mon bureau, car, comme ministre de l'Environnement, je suis responsable de l'autorisation ou du refus des travaux en zone classée. Ce dossier m'aura aussi beaucoup appris sur le poids des lobbies et des réseaux d'influence.

La Commission supérieure des sites a été consultée et elle a émis de nombreuses réserves. Personne n'en ayant tenu compte, je refuse dans un premier temps de donner l'autorisation sollicitée par la Ville de Paris. Déjà Matignon m'appelle plusieurs fois sur le sujet (pourtant mineur au vu des défis auxquels la France fait face). J'argumente calmement en alertant sur les risques de contentieux et sur la nécessité pour la ville de Paris et la Fédération française de tennis de respecter les règles.

Mais, à Matignon, on balaie mes objections d'un revers de main. Ils ne veulent ni étude complémentaire, ni recherche d'une meilleure option. Ils veulent que je valide les yeux fermés la solution qu'ils trouvent, eux, la plus intéressante et qui est comme par hasard celle que propose la Fédération française de tennis.

Je reçois un ordre du Premier ministre le 3 juin 2015. Il est demandé au ministère (pas à la ministre, puisqu'ils savent qu'elle ne signera pas) de donner l'autorisation, dont j'apprends dans un moment d'agacement de Manuel Valls qu'il l'a « promise à la maire de Paris », qui était « très remontée », me dit-il.

Puis c'est l'Élysée qui intervient. La Fédération française de tennis a le bras long. Comme je ne bouge pas, toutes les semaines, on me demande où j'en suis. Je sais qu'ils finiront par passer en force, mais je mène jusqu'au bout ce combat loyal pour protéger un site classé. Le secrétaire général de l'Élysée m'informe même d'une menace de la Fédération : « Ils vont dire que tu t'y opposes parce que le chantier est sous tes fenêtres ! » Qu'ils le disent. J'habite en rez-de-chaussée à plusieurs centaines de mètres, du côté Boulogne. Ils se ridiculiseront. Cela dit, j'ai trouvé cette tentative d'intimidation détestable.

J'essaie une fois de convaincre la maire de Paris. Je lui dis que l'on pourrait lancer un projet extraordinaire de couverture du périphérique, qui est juste à côté, et donc de reconquête d'un espace qui laisse intact le site boisé. J'ajoute qu'aucune grande ville au monde, même dans les pays pauvres, ne se permet de détruire un site boisé, que c'est contraire à l'accord de Paris sur le climat. *A fortiori* pour un cours de tennis qui fonctionne quinze jours par an, et alors qu'il y a une solution alternative. Et que les travaux de couverture du cours central vont déjà permettre d'améliorer les conditions du tournoi. Rien n'y fait.

Mais je refuserai de signer. Manuel Valls fera signer à ma place le directeur général de la protection de la nature. Les 190 arbres ont été abattus de nuit pour que le massacre soit plus discret. Le bétonnage est en cours. Le cours de tennis qui devait être soi-disant enterré est bien proéminent. Architectes et paysagistes de renom ont donné leur caution. Parallèlement, une enquête de l'Inspection générale de la Jeunesse et des Sports a mis au jour des fraudes dans la billetterie de la Fédération de tennis – qui aurait dû conduire à plus de prudence au sujet de cette vaste opération immobilière. Car à qui fera-t-on croire qu'un tel investissement pour quinze jours par an sera rentabilisé ? Des autorisations d'opérations commerciales toute l'année seront à l'évidence sollicitées alors qu'elles sont absentes du dossier et font même l'objet de vigoureuses dénégations des promoteurs. C'est ce que l'on appelle l'appropriation privée d'un patrimoine naturel qui appartient à tous.

Quelque temps plus tard, en mars 2018, à la Fondation Cartier, le jeune architecte japonais Jun'ya Ishigami fera une éblouissante démonstration de la volonté et du talent prodigieux d'aménager sans détruire, et sans détruire la nature. Dommage que les architectes et paysagistes français aient eu, dans cette affaire, un temps de retard. Mais qui peut résister à un budget de travaux de 300 millions d'euros ?

Le bras de fer
contre l'huile de palme

Je ne pouvais pas imaginer que l'huile de palme pouvait conduire à la menace d'exécution d'un prisonnier devenu otage !

Tout commence par l'exposition remarquable sur les grands singes, créée au Muséum d'histoire naturelle par notre primatologue mondialement connue, Sabrina Krief. Elle montre les dégâts de la déforestation liée aux plantations de palmiers à huile : l'immense destruction de la biodiversité en général et des singes en particulier, la frustration due à l'absence de terres agricoles dédiées à la consommation locale, l'épuisement des sols, l'empoisonnement des terres à cause de l'usage excessif d'engrais chimiques, les glissements de terrain qu'entraîne la déforestation. Or le lobby de l'huile de palme est tellement puissant que je découvre avec stupéfaction, en compagnie des parlementaires de la commission du développement durable, que l'huile de palme est moins taxée que l'huile d'olive produite en France !

Alors, à l'occasion de la loi sur la reconquête de la biodiversité de la nature et des paysages, je propose, soutenue par des députés de tous les partis, au début de l'année 2016, un amendement pour que l'huile de palme soit taxée à même hauteur que l'huile d'olive. Quelques jours plus tard, au cours de l'émission « Le petit journal » sur Canal +, je cite le Nutella comme produit utilisant de l'huile de palme, à éviter si l'on ne veut pas contribuer aux désastres écologiques que je viens de décrire.

Une tempête diplomatique se déclenche ! Elle part d'abord d'Italie. Ferrero, la firme qui produit la célèbre pâte à tartiner, est un fleuron industriel italien : le chef du gouvernement interpelle publiquement le gouvernement français en menaçant de fermer l'usine française de Ferrero située à Villers-Écalles, près de Rouen, et Mme Renzi, épouse du président du Conseil d'alors, apparaît avec sa fille à la télévision, une tartine de Nutella à la main. Tandis qu'à l'inverse je reçois au ministère, venues des quatre coins du monde, des pâtes sans huile de palme accompagnées de messages de soutien. Suite aux pressions italiennes, Matignon, après avoir approuvé l'amendement, commence à flancher et à me demander si tout cela est bien utile.

Bien sûr, soutenue par le Parlement, je tiens bon. Mais, en mars 2016, le ministre des Affaires étrangères fait irruption dans le débat… Non pas en raison de l'Italie, mais du premier pays producteur d'huile de palme au monde, l'Indonésie, archipel où se trouve emprisonné un Français condamné à mort. Le ministre des Affaires étrangères indonésien vient de faire savoir à son homologue français que son pays menace de mettre à exécution la condamnation de notre compatriote si nous persistons à vouloir taxer l'huile de palme. Je réponds qu'il faut expliquer qu'il s'agit seulement d'aligner le niveau de la taxe de l'huile de palme sur celui des huiles produites en France, ce qui me paraît vraiment un minimum. L'enjeu ne doit pas être crucial pour l'Indonésie, puisque le marché français est microscopique par rapport aux volumes d'huile de palme exportés partout dans le monde. Une réunion de crise se tient à l'Élysée après le Conseil des ministres, car les relations avec l'Indonésie semblent s'envenimer. Faut-il que Ferrero ait une vraie capacité de nuisance pour pouvoir contraindre le gouvernement indonésien à exercer un tel chantage ! Bluff ou pas ? Le président et le Premier ministre cherchent une solution. Je leur propose donc un compromis : la remise à égalité de la taxation ne se fera pas en une fois, mais progressivement. J'explique que tout céder, c'est donner à Ferrero un pouvoir de chantage considérable, et ne pas céder, c'est paradoxalement aider le gouvernement indonésien. Leur réponse est floue à ce stade. C'est au cours de la soirée, pendant la séance parlementaire de nuit où la loi est discutée, qu'ils mettront un coup de pression sur Barbara Pompili, secrétaire d'État à la Biodiversité. C'est elle qui est en séance au Parlement, en mon nom. Je lui ai confié le pilotage de la seconde lecture de la loi sur la reconquête de la biodiversité. J'apprécie son travail, sérieux, compétent et enthousiaste, et nous faisons une bonne équipe. J'avais obtenu en première lecture un vote à l'unanimité à l'Assemblée nationale et au Sénat ! Un exploit ! J'avais réussi à déminer les conflits aigus sur la chasse entre chasseurs et non-chasseurs. Des principes et des outils avant-gardistes, qui n'existent dans aucune autre législation au monde, avaient fait leur entrée : le préjudice écologique, ou encore le partage équitable des ressources de la biodiversité.

Je veille malgré tout au grain et surveille les débats. Le matin du 23 juin, je découvre avec consternation que la secrétaire d'État a reculé sur l'égalité de taxation des huiles, et donc sur le compromis trouvé, à savoir la remise à niveau progressive. À la place, Barbara Pompili a laissé passer un amendement ramolli qui prévoit simplement « l'examen » dans les six mois des règles de taxation des huiles importées, avec un critère de durabilité, dans le cadre d'une loi de finances. Autrement dit, le ministère de l'Environnement est dessaisi au profit du ministère des Finances et le principe de l'égalisation n'est même pas adopté.

Je lui dis tout mon mécontentement. Elle me répond qu'elle a reçu un texto du président de la République en personne, et que la même pression s'est exercée sur le groupe PS. Comme je suis en réunion, il s'ensuit l'échange de textos suivant, que j'ai gardé précieusement dans mon téléphone :

« Moi : Que s'est-il passé sur le Nutella ? Ce n'est pas ce qui était prévu. L'alignement de la taxation devait être voté. Le seul compromis que j'avais accepté, c'est d'ajouter le mot : progressif.

Barbara Pompili : J'ai dû me plier à soutenir un amendement prévoyant juste la remise à plat d'ici six mois de la fiscalité des huiles importées.

Moi : Ce chantage est insupportable. Si j'avais cédé à tout ce que demandent les uns et les autres, on n'aurait rien fait sur les néonicotinoïdes ni sur le Glyphosate.

Elle : Le groupe PS avait ordre de Matignon et de l'Élysée de supprimer la taxe.

Moi : Je n'obéis pas aux ordres contraires à ma mission de protection de l'environnement. Sur les néonicotinoïdes aussi, il y a eu des ordres. Et sur le Glyphosate aussi. Je n'ai rien cédé. Attention à ne pas être utilisées l'une contre l'autre.

Elle : Sur ce vote, on avait perdu d'avance, le groupe avait accepté de rejeter, y compris la rapporteure. Ils ont reçu des messages directs du président de la République et moi aussi j'ai reçu un texto. J'ai sauvé ce que j'ai pu, c'est mieux que la suppression pure et simple de l'article.

Moi : Non. On n'a jamais perdu d'avance. On tient ses positions, même si on perd. On s'inscrit dans le temps des combats difficiles pour la planète sans reculer. Tu ne dois pas recevoir des ordres en direct. Et si c'est le cas, m'en rendre compte immédiatement. Que l'on puisse réfléchir à une stratégie. Tu vois bien que si tu reçois des ordres en direct, c'est parce qu'ils n'osent pas me les donner. Donc si tu joues seule, tu perds. Si j'avais laissé faire, la loi n'était même pas inscrite à l'ordre du jour du Parlement ! Ils avaient peur du conflit avec les chasseurs. Je n'ai pas lâché le morceau. Et j'ai emporté les votes grâce à mon travail. À ce stade, il faudra être prêt pour la loi de finances. Mets vite en place un groupe de travail. Pour les autres points, c'est bien. Tu as fait un bon débat. Ce n'est pas fini, sois bien vigilante jusqu'au bout. J'ai beaucoup de déplacements pour la COP 21 pour gagner la bataille de la ratification de l'accord de Paris, mais appelle-moi, même la nuit, en cas d'urgence ou de doute.

Elle : Merci Ségolène. Il va falloir se battre pour le budget de l'agence de la biodiversité.

Moi : Oui, on va le faire. »

Quelques mois plus tard, je découvre que Ferrero est le principal financeur de la Foire internationale de l'alimentation de Milan et que l'Europe, aux abonnés absents sur ce sujet, vient de baisser la part de cacao dans les produits qui auront le droit de s'appeler chocolat, provoquant une chute dramatique du cours du cacao dans les pays africains, démunis de capacités de lobbying. Mais je sais aussi que, si le vote a été perdu, la bataille des idées a fait son chemin, car les consommateurs sont désormais informés. Cette polémique aura réveillé et informé nombre d'entre eux, qui regardent désormais la composition des produits et refusent d'acheter ceux utilisant de l'huile de palme.

Mais hélas, déroute en rase campagne, mon successeur au ministère de l'Environnement Nicolas Hulot signera sur ordre une autorisation d'importation en France de 300 000 tonnes d'huile de palme par an pour la raffinerie de la Mède.

Céder à ce chantage, à ce bluff odieux, à cette menace d'éxécution d'un otage, c'était, de mon point de vue, mettre encore plus en état d'infériorité le gouvernement indonésien, qui aurait eu besoin d'un gouvernement français ferme, lui évitant de se mettre à plat ventre devant des industriels sans scrupules.

Le diesel : la difficile opération vérité

Après le scandale mondial de Volkswagen, qui a installé des logiciels fraudeurs sur ses voitures pour fausser le calcul de leur pollution, et alors que le directeur de la répression des fraudes, en France, ne bouge pas, je dis à mes équipes : « On va mettre en place une commission de contrôle, et on va tester les véhicules. Faites-moi des propositions. » Comme il est principalement reproché aux industriels de mesurer la pollution des moteurs à l'arrêt, la proposition sera de lancer une opération de contrôle en situation réelle de roulage. Les ingénieurs du ministère m'apprennent que c'est possible sur circuit, à Montlhéry. Je débloque les moyens pour organiser l'opération, je convoque les constructeurs, et nous nous rendons sur place. Je m'informe des techniques de contrôle auprès des ingénieurs : il s'agit d'un système nouveau mis au point spécialement. Évidemment, nous découvrons des pollutions supérieures à celles qui sont annoncées officiellement. Le 28 avril 2016, je rends publics les résultats des tests d'émission sur 52 véhicules diesel. Dans la foulée, huit constructeurs français et étrangers sont auditionnés et nous créons le certificat de qualité de l'air, tout en prévoyant, écologie positive, une prime de conversion pour les vieux diesels et une prime à l'achat pour les véhicules électriques. Plusieurs pays européens et la Commission européenne elle-même reprennent cette méthode, à la fois radicale et positive, de contrôle réel de la pollution de l'air. Quant aux constructeurs, ils apprécient que je cherche à faire sortir tout le monde par le haut et ils jouent le jeu de l'accord que je leur propose : « Vous faites vous-mêmes les annonces. Je ne vais pas vous clouer au pilori publiquement. Je n'ai jamais fait ça avec des constructeurs industriels. Vous annoncez vous-mêmes les mesures que vous allez prendre. » Il est donc possible de lutter, d'une façon constructive, contre la pollution de l'air, sans stigmatiser ni condamner des pans entiers de l'industrie automobile, mais en l'incitant à convertir sa production. Il est donc possible de sortir de la désinvolture.

Le lobby des énergies fossiles

C'est sans nul doute le plus puissant à l'échelle planétaire. Celui qui explique le revirement du président américain, lorsqu'il décide de sortir de l'accord sur le climat. Celui qui explique la lenteur de la montée en puissance de la voiture électrique non polluante.

En 1992 déjà, lors de mon premier ministère de l'Environnement, je décide de me déplacer en voiture électrique. Mais le Premier ministre de l'époque ne voudra pas que je vienne ainsi au Conseil des ministres, car il trouve ça « gadget ». J'ai beau expliquer que la France est le premier pays au monde à maîtriser cette technologie, et que c'est l'avenir, rien n'y fait. Arrivée en 2004 à la tête de la région Poitou-Charentes, j'aide l'industriel Heuliez à lancer la superbe petite voiture électrique Mia. Malheureusement, là encore, pas de soutien. Le ministre de l'Industrie de l'époque, Luc Chatel, visitera l'usine, mais refusera de faire le détour par l'atelier de montage de la voiture

électrique… Dommage que les choix visionnaires ne soient pas soutenus à temps…

Lobby des énergies fossile encore. Alors que,
en application de l'accord de Paris sur le climat,
j'ai refusé de signer les permis d'exploitation
d'hydrocarbures, malgré les très fortes pressions de toute nature, celles-ci ont été réautori-
sées jusqu'en 2040 dès mon départ du ministère
par une loi, présentée comme un progrès, alors
que c'est une régression.

Les déchets illégaux de Nonan-le-Pin : ne rien lâcher

Je découvre un jour, au détour d'une question d'une auditrice sur Europe 1, qu'une entreprise, GDE, a fait enfouir à Nonan-le-Pin des
déchets toxiques à proximité des Haras du Pin,
un paysage exceptionnel, et une terre d'élevage
de chevaux de toute beauté. En revenant au
ministère, je demande immédiatement qu'on me
transmette le dossier. La directrice de la prévention des risques vient me mettre en garde :
« Il ne faut rien faire, c'est trop dangereux, ne
vous occupez pas de ça, on avait réglé le problème avec votre directrice de cabinet. » Le

patron de l'entreprise GDE est un ancien préfet, comme ma directrice de cabinet. Quand les hauts fonctionnaires, de même formation ou de même corps, se mettent d'accord entre eux sans en référer à l'autorité politique, je m'interroge toujours un peu. Et je crois utile de voir par moi-même. En me penchant personnellement sur le dossier, je me rends compte que GDE, une entreprise de traitement des déchets qui n'est pas aux normes, a enterré une quantité importante de déchets interdits au cœur de ce site remarquable. Une association de défense constituée de petits agriculteurs et de propriétaires d'élevage de chevaux s'est heureusement mobilisée. Je découvre que l'État a été condamné à verser des indemnités très importantes à GDE pour ne pas avoir expulsé les membres de l'association qui occupaient le site, suite à un jugement plus qu'étonnant du tribunal administratif. Je me rends sur place, je rencontre des gens sincères, paysans ou éleveurs, qui se font déposséder de leurs fermes les uns après les autres. Mon sang de députée rurale ne fait qu'un tour, et j'ordonne des expertises complémentaires pour y voir clair. J'en parle à Bernard Cazeneuve, alors ministre de l'Intérieur, puisque c'est son ministère qui est responsable de l'évacuation du site et qui a donc été condamné. Il est catégorique : l'État en général et mon ministère en particulier doivent s'acquitter de l'amende, il n'y a aucune autre solution, c'est comme ça et pas autrement… Bref, des arguments d'autorité qui m'intriguent. Je ne sais pas pourquoi, mais j'aime bien comprendre ce que je fais. Or je ne comprends pas pourquoi le ministre de l'Intérieur prend fait et cause pour une entreprise qu'il faudrait indemniser… pour qu'elle continue à exproprier et polluer ! Je lui dis que le ou les conseillers ne lui disent pas la vérité. Les expertises que j'avais commandées confirment la gravité des infiltrations des écoulements de la décharge dans la nappe phréatique. Je décide donc de me rendre sur place afin de rencontrer les parties en présence, l'entreprise, GDE, et les associations de défense des Haras du Pin.

Immédiatement, je sens des manœuvres dans mon dos. Des cordons impressionnants de CRS sont déployés, et on me déconseille vivement de voir les opposants à la décharge. À en croire mes interlocuteurs, ce seraient des agitateurs incontrôlables et particulièrement dangereux. Trois membres de l'association parviennent cependant jusqu'à moi. On nous installe dans une petite salle, et nous discutons assis sur des chaises en bois inconfortables. Respectueux et impeccables, ils m'informent du fait que 200 personnes m'attendent avec impatience dans la salle des fêtes locale, pour dialoguer, ce dont la préfète du département a omis de m'informer. Universitaires et avocats, ils connaissent leur dossier sur le bout des doigts, ils sont posés, rigoureux, précis. La préfète ne leur adresse pas la parole et n'entre pas dans la salle, comme s'ils étaient pestiférés. Elle finit par me dire : « Allons maintenant rencontrer le PDG de GDE dans mon bureau. – Comment ? On va dans votre bureau pour voir le PDG, et les associations, je les reçois dans cette petite salle ? Non, madame la préfète, je vous prie de le faire venir dans cette même salle, et il mettra son auguste postérieur sur la même chaise. » Peu après, le patron entre, manifestement vexé qu'on ne lui propose qu'une chaise en bois. Il me prend de haut. Il est dans l'entre-soi et l'entregent. Je lui annonce courtoisement que nous allons poursuivre la procédure et qu'à ce stade il est n'est pas juridiquement possible de l'indemniser puisqu'il y a une double expertise sur le respect des normes (imperméabilité de la décharge) et sur la légalité des déchets enterrés. Il se fait menaçant : « J'irai plus haut, vous verrez, vous devez payer et je dois pouvoir exploiter la décharge. » Je supervise personnellement la rédaction du recours devant la juridiction administrative, avec un dossier bien charpenté. La décision de justice tombe : le patron ex-préfet perd sur toute la ligne. Je retourne sur place, où m'attend une très belle fête avec les habitants soulagés. Ce genre de dossier est lourd à gérer, et l'investissement en temps, en énergie, en soucis, est clairement désavantageux selon les critères traditionnels de l'action politique. Mais, humainement, quelle satisfaction d'avoir donné raison à des citoyens courageux auxquels on doit le sauvetage d'un patrimoine naturel remarquable. Et ça soude les équipes du ministère, qui découvrent que les causes juste doivent être défendues, même quand on vous dit qu'elles sont perdues.

L'écotaxe : des enjeux financiers étranges

Le 4 avril 2014, j'annonce qu'il faut remettre à plat l'écotaxe, abandon que l'opinion peine à comprendre, j'en conviens. En effet, les étapes

La belle histoire des efforts pour l'application de l'Accord de Paris sur le climat

Action sur femmes et climat. Alliance pour les énergies renouvelables en Afrique.

remier ministre indien
'odi s'engage pour l'Alliance
ire Internationale à Delhi.

Première marche sur le climat à New York
avec Ban Ki-moon, Al Gore et Jane Goodall.

Avec Angela Merkel, un des tout premiers
soutiens en Europe.

Un merci chaleureux à Barack Obama
pour son leadership à Washington.

Ratification *in extremis* au Parlement européen.

Adoption de la loi de transition énergétique
pour la croissance verte, puis adoption
à l'unanimité de la loi pour la reconquête
de la biodiversité, de la nature
et des paysages.

Leonardo DiCaprio,
yé spécial pour le climat.

L'Accord de Paris entre en application le 4 novembre 2016. Un record de vitesse.
À l'ONU, Ban Ki-moon, secrétaire général des Nations-unies et la présidente de la COP 21
présentent le document officiel.

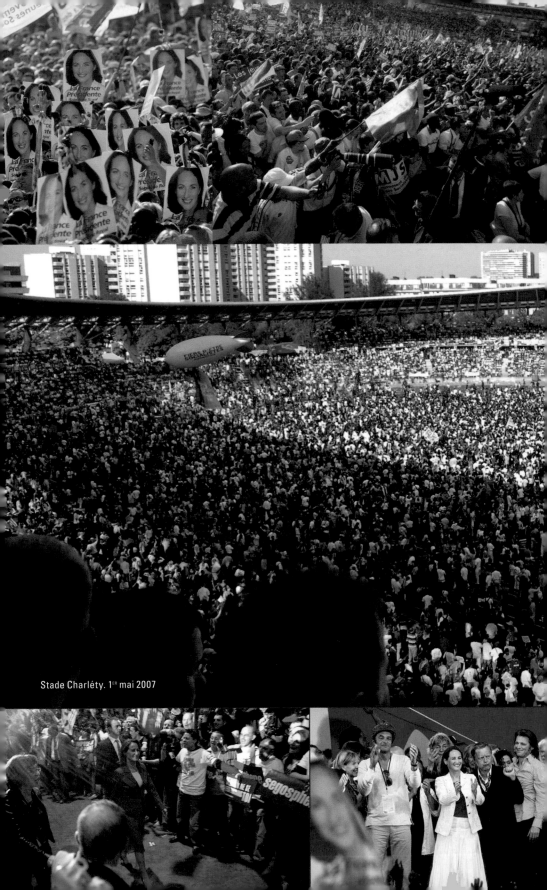

Stade Charléty. 1ᴱᴿ mai 2007

La diversité d'un itinéraire

1988, jour de l'investiture
de François Mitterrand.
Après 7 ans passés dans
son équipe, je pars
dans les Deux-Sèvres
où je serai élue députée
puis présidente de la Région
Poitou-Charentes.

Avec Jacques Chirac président, en mai 2000,
je remets les médailles de la famille en tant
que ministre du gouvernement de cohabitation.

Avec Thomas pour l'organisation du Stade Charléty.

Hommage à mes enfants unis et joyeux
qui m'ont sans cesse reliée au réel et à l'essentiel.

1997, ministre de l'Enseignement scolaire.

Avec François Mitterrand et Simone de Beauvoir à l'Élysée
le 8 mars 1983, journée internationale des femmes.

Fort-de-France. Avec Aimé Césaire,
président de mon comité de soutien, en 2007,
fondateur de la Négritude.

Voici la photo publiée dans la presse, qui m'a été reprochée
parce que j'étais ministre. Je ne le regretterai jamais.

précédentes n'ont pas été suffisamment visibles. Je suis vivement critiquée et je me serais bien passée, vu la masse de travail qui m'incombe, d'avoir à gérer ce dossier. Pourtant, quand j'arrive au ministère, sa suspension est déjà prononcée. Le 29 octobre 2013, à la suite de manifestations très violentes en Bretagne, c'est Jean-Marc Ayrault lui-même qui a annoncé ce retrait. Parallèlement, le 6 novembre 2013, le parquet de Nanterre a ouvert une enquête sur les conditions d'attribution du marché de la collecte de l'écotaxe à la société Écomouv', signée par François Fillon entre les deux tours de l'élection présidentielle de 2012. Pourquoi cette précipitation ? La Cour des comptes n'a pas cherché. Quand je suis saisie du dossier, qui me tombe dessus très vite après ma nomination, la situation semble inextricable. Fidèle à ma méthode de travail, je décortique tout avec mes équipes pour y voir clair par moi-même. Je me trouve face à un dispositif national suspendu, des menaces de reprise des manifestations, et je découvre la privatisation du prélèvement d'un impôt par une entreprise italienne, garanti d'un pourcentage de près de 20 %, quel que soit le rendement du prélèvement. Pire, je vois qu'une des obligations majeures de l'entreprise, à savoir l'expérimentation en grandeur nature du fonctionnement réel de l'écotaxe en Alsace, n'a pas été réalisée. Enfin, les langues se déliant au ministère, j'apprends que ce système technique de portiques que le monde entier était supposé nous envier est en réalité déjà obsolète, d'autres pays s'équipant de bornes mobiles.

Une réunion se tient à Matignon avec les ministres concernés : je propose de revenir à quelque chose de plus simple et de plus efficace, à savoir le paiement d'une écotaxe par les camions quand ils arrivent au péage des autoroutes (depuis, l'idée a fait son chemin et l'actuel gouvernement l'étudie). J'ajoute que la privatisation du paiement de l'impôt, au profit d'une entreprise italienne, me paraît parfaitement incongrue. Et surtout quelle entreprise ! Je fais valoir que la filiale de Benetton, Autostrade, actionnaire d'Écomouv' (les mêmes qui ont été mis en cause dans l'écroulement meurtrier du pont de Gênes en Italie), vient de faire parler d'elle au cours du procès, en avril 2015, de l'effondrement du Rana Plaza, au Bangladesh, tuant 1 138 ouvrières travaillant notamment pour Benetton, qui renâcle à indemniser les familles. Raison de plus pour ne pas leur céder. Nous devons donc, dis-je, mettre en place des choses sérieuses, simples, qui affirment l'autorité de l'État, mais qui mettent fin à la privatisation du prélèvement d'un impôt. Je propose de taxer le gazole sur les camions. Les syndicats de transporteurs avec qui je négocie sont d'accord. On a au moins obtenu ça d'eux. Ils cèdent, car ces dirigeants des entreprises de transport sont en effet très inquiets : « On ne tient plus la base. » Ils m'annoncent qu'une grève dure commence le lundi suivant : « Quand les gars vont chercher les merguez et le charbon de bois, c'est qu'ils s'installent pour longtemps. » Dans ces conditions, je prends mes responsabilités de femme d'État et je décide d'arrêter en annonçant la suspension du dispositif écotaxe. Je sais à quoi peut conduire le blocage du pays, le coût économique, et la difficulté pour en sortir. Je suis attaquée de toutes parts mais je considère avoir agi avec discernement.

Immédiatement, la polémique enfle. L'opposition fulmine, certains écologistes aussi, alors que l'écotaxe a été décidée en 2008 et que nous sommes en 2014, six ans après, et que le gouvernement Fillon qui l'a décidée ne l'a pas mise en place, se contentant de signer précipitamment l'attribution du marché à Écomouv' (Autostrade Benetton) entre les deux tours de la présidentielle, déclenchant un recours d'une entreprise française concurrente pour opacité et vice de forme. Par l'arrêt de cette réforme, mal conçue, je crois avoir épargné aux Français des mois de galère, et aux petites entreprises des difficultés allant jusqu'à la faillite. Mais la Cour des comptes soulignera le coût public de l'arrêt de la réforme, et notamment l'indemnisation versée à l'entreprise Écomouv' et donc à ses actionnaires Autostrade Benetton. Or je voudrais dire ici que ce versement de 800 millions d'euros était injustifié.

Une réunion s'était tenue à Matignon pour en décider.

Je m'oppose au versement de l'indemnisation réclamée par Écomouv' en raison de l'interruption du contrat. Je développe : nous avons des voies légales à faire valoir pour ne pas avoir à régler cette somme exorbitante. Et notamment qu'Écomouv' n'a pas rempli son obligation de réalisation d'un test grandeur nature en Alsace. Personne ne sait donc si le système fonctionne. Un système ubuesque : des portiques monumentaux qui prennent en photo la plaque d'immatriculation des camions de plus de 3,5 tonnes, puis qui envoient en Pologne à une entreprise sous-traitante le relevé de ces photos, cette entreprise polonaise envoyant ensuite les factures aux transporteurs venus des quatre coins du monde ! Et que devait-il se passer en cas de non-paiement ? Ou de trafic de plaques d'immatriculation ? Mystère. Manuel Valls m'interrompt pour dire qu'il a un accord avec son homologue Matteo Renzi et que la France versera bien 800 millions d'euros d'indemnisation : on va gérer en direct, Élysée-Matignon, avec les Italiens. « C'est un accord entre nous et Matteo Renzi, ça ne relève plus de ta compétence. »

J'ai pensé : ah bon. Aux femmes, le bon sens, les hommes se réservent les affaires d'hommes. Je me demande quelle peut bien être la nature d'un accord qui fait tant perdre à la France. Je fis part de ma désapprobation par courrier du 28 octobre 2014. En argumentant encore une fois, je propose à Manuel Valls de signer un courrier parfaitement étayé au plan juridique, répondant à la société Écomouv' de saisir la justice pour qu'elle évalue l'indemnisation. Mais il reste intraitable : « Non, on va indemniser. » J'ai compris qu'entre deux chefs de gouvernement voulant incarner la relève, on se rendait service. La droite ne disait rien, trop contente que soit laissée dans l'ombre la bizarrerie de la concession signée par Fillon à Écomouv'.

Je demeure en désaccord avec ce choix sur lequel je n'ai jamais eu d'explications. Et je me suis étonnée que le ministère des Finances, d'habitude soucieux à juste titre de l'argent public, n'ait rien dit.

Le fléau de la désinvolture

Il y aurait beaucoup à dire sur la désinvolture. À mon avis, ce mode de gouvernance est advenu après les présidences de Mitterrand et de Chirac. On peut leur faire des reproches, mais pas celui-là. Effet de génération ? Les trois quinquennats suivants ont tous ce point commun : la désinvolture, source de beaucoup de leurs difficultés. À ses débuts, Emmanuel Macron a tenté de résister à ce penchant, et même de le théoriser (la verticalité).

Mais, très vite, la méthode de gouvernance a dérapé, et, comme lors des précédents quinquennats, le déficit de dialogue, l'autoritarisme, l'exercice solitaire de la décision, la démocratie parlementaire affaiblie, ont conduit aux mêmes erreurs.

La hausse des impôts et la suppression de la détaxation des heures supplémentaires par le gouvernement au début du quinquennat ? Désinvolture et degré zéro de la politique. La fusion brutale des régions, des cantons et des communes, qui a laissé une profonde amertume silencieuse dans les profondeurs du pays et qui continue aujourd'hui avec la réforme de l'État ? Désinvolture. La loi travail qui a tant secoué ? Désinvolture.

La désinvolte réforme des régions et des territoires : la France déracinée

À l'heure où je relis ces pages avant publication, plus de mille cinq cents maires ont démissionné. Clair symptôme d'un épuisement dont il ne faut pas sous-estimer la gravité. Ces élus ruraux tiennent le lien social, l'identité de proximité, le vivre-ensemble, avec peu de dépenses, mais grâce à une présence permanente.

Les communes nous viennent du Moyen Âge. Les départements, de la Révolution française. Les régions sont les dernières-nées, mais elles faisaient tous les jours leurs preuves. La

France, c'est tout cela. Ce qu'il nous faut, pour une organisation plus efficace de la puissance publique, ce n'est pas rayer d'un trait de plume le legs d'une histoire millénaire, c'est une clarification des responsabilités et des compétences respectives, ce sont des obligations de coordonner l'action publique sans stériliser les énergies des territoires. Il y avait une autre décentralisation à réussir que ces fusions brutales de toutes les collectivités territoriales de notre pays.

La réforme des territoires est l'une des pires du quinquennat. Pourtant, me direz-vous, elle n'a provoqué ni grève, ni manifestations, n'a soulevé ni fureur ni colère visible. Juste une exécution (dans les deux sens du mot) silencieuse. Parce que, dans un recoin des arcanes de la bureaucratie européenne et dans les recommandations aveugles des comités d'experts parisiens et des agences de notation, quelqu'un a décrété que la France comptait trop de collectivités, alors il a fallu sans discussion en réduire le nombre. Ce qui fut fait à la serpe. En secouant les entrailles du pays profond, par une espèce de frénésie incompréhensible, et dans l'indifférence des leaders d'opinion nationaux, très éloignés de la vie locale. Pourtant, tout y passe : fusion des cantons, fusion des communes, fusion des régions. Avec des pertes de repères familiers d'autant plus déstabilisantes que, dans une période historique de mondialisation accélérée, il est indispensable de maintenir la force des liens de proximité. Tous ces noms de territoire qui chantent l'histoire de France, sa géographie, ses produits de terroir, ses cultures, ses paysages et sa géologie, ses fleuves et rivières disparaissent brutalement : Alsace, Lorraine, Champagne-Ardenne, Poitou-Charentes, Limousin, Nord-Pas-de-Calais, Picardie, Bourgogne, Midi-Pyrénées, Languedoc-Roussillon : toutes ces régions vont disparaître et leur identité avec !

Je la ressens dans mes tripes, cette disparition, et donc je comprends ce que des millions d'habitants peuvent ressentir en voyant disparaître les noms de leur histoire. J'ai donné dix ans de ma vie à la région Poitou-Charentes. Pour m'y consacrer à plein temps, j'avais mis fin dès 2007 au cumul de mes mandats, soit dix ans avant que la loi ne l'impose, comme je l'ai déjà expliqué. La réforme imaginée par la droite était meilleure, je dois l'avouer : fusion des départements au sein des régions, sans perdre leur nom, en transférant les compétences afin d'éviter les doublons.

Le déménagement des territoires et la désertification accélérée

Je mets en garde, j'alerte, et d'expérience je démontre que l'on peut faire une réforme intelligente en renforçant les coopérations. En vain. Nous sommes quatre ministres ou ancien Premier ministre au gouvernement à être attachés à une région, soit pour en être président, soit pour l'avoir été. La Bretagne avec Jean-Yves Le Drian ; les Pays de Loire avec Jean-Marc Ayrault ; le Centre avec Michel Sapin, et Poitou-Charentes avec moi. Nous sommes tous les quatre hostiles à la fusion, car nous voyons bien les perturbations inutiles et traumatisantes que cela engendrera. Trois hommes et une femme donc. Les trois hommes échapperont à la fusion et garderont, intacte, leur région. Pas moi. Ni les présidents de région qui n'ont pas eu le bon goût d'être ministres ! Pire, la région Poitou-Charentes fusionne avec l'Aquitaine et le Limousin et se trouve noyée dans une espèce de grosse patate qui rend la nouvelle carte de France régionale totalement difforme. Les villes de Poitiers et Limoges ont perdu leur statut de capitale régionale, se vidant de leur substance au profit de Bordeaux qui ne demandait rien et qui aujourd'hui est en proie à la spéculation immobilière. Partout ce mécanisme se produit dans les régions regroupées : un déménagement du territoire. J'étais absorbée par la masse de travail que m'imposait mon ministère, je n'ai pas eu le temps de me battre. Je l'ai appris par un simple texto de Bernard Cazeneuve de la part du président de la République. Tu comprends, Ségolène, si ta région ne fusionne pas, on va dire que tu as eu un traitement de faveur. Ah bon ? Et pas les autres ?

Je dois avouer que cette épreuve me rapprochera amicalement de Jean-Pierre Raffarin, mon adversaire local de toujours, qui ressentait comme moi, dans ses tripes, cet attachement affectif à nos territoires poitevins, leur identité, leurs habitants, leurs paysages, leur patrimoine.

Mais les régions ressurgissent ! L'Alsace revient avec la fusion de deux départements !

Le Sénat, qui aurait pu arrêter cet absurde charcutage qui aujourd'hui coûte bien plus en frais d'organisation qu'il ne rapporte, s'en est bien gardé. Pendant deux ans, et ce n'est pas fini, toutes les administrations ont été absorbées par cette réforme, obligées de délaisser toutes les actions structurantes de développement local, provoquant un ralentissement de l'activité économique. Ce que j'ai vu de plus cynique, c'est de m'avoir fusionnée, si j'ose dire, avec l'Aquitaine, dont le président réglera des comptes, m'accusant de façon vicieuse d'avoir mal géré la région que j'avais présidée. Il le fit avec l'aide d'une officine privée, produisant un rapport bâclé par une stagiaire, venue quelques heures sur place. Lors d'une des séances solennelles de la Cour des comptes en juin 2018, un magistrat dénoncera « ces politiques qui commandent des rapports privés dont les conclusions et les versions des journaux ne reflètent en rien la réalité ». Mais le mal était fait par la calomnie. Cette accusation de mauvaise gestion servira surtout de prétexte pour démolir toutes les actions régionales que nous avions créées, notamment en matière d'excellence environnementale et de démocratie culturelle. La brutalité obscurantiste allant jusqu'à détruire le festival des Nuits romanes qui donnait à chaque village l'accès à la culture vivante. Dix ans de travail broyé.

Des hommes et des femmes cassés. Des serviteurs de la région déplacés, rétrogradés. Des soutiens régionaux aux politiques innovantes brutalement interrompus. J'ai partagé avec toutes celles et tous ceux des régions rayées de la carte qui avaient beaucoup donné d'eux-mêmes une très profonde souffrance devant tant de cynisme, de brutalité, de bêtise et d'arrogance. Ça coûtera très cher dans chaque échéance électorale et dans le bilan du quinquennat précédent.

La désinvolture de la loi travail : la France brutalisée

Plus de 70 % des entreprises déclarent que la loi travail du précédent quinquennat et les ordonnances de l'actuel gouvernement n'ont rien changé à leur situation ! Pagaille maximum pour efficacité minimum !

La loi travail fut une désolation. Un calvaire pour qui aime la politique. Un aveuglement hélas au sens propre aussi. Je pense au jeune Rennais qui a perdu la vue au cours d'une manifestation. Mais surtout à la secousse des semaines de désordre infligée aux Français, déjà brutalisés par les épreuves du terrorisme. On avait besoin d'apaisement ; on a eu une poussée de testostérone.

C'est au moment des débats sur la loi travail que s'est exacerbée la rivalité entre Manuel Valls et Emmanuel Macron. Nous sommes le 6 janvier 2016 à 14 h 55, assis en rang à l'Assemblée nationale sur le banc du gouvernement, pour les questions d'actualité. Le matin même, Emmanuel Macron s'est exprimé dans la presse économique, en disant que la croissance était en berne. Manuel Valls fulmine. Il est déjà dans l'hémicycle. Quand Emmanuel Macron arrive d'un pas léger et prend place à ma droite, le Premier ministre, assis à ma gauche, l'interpelle et j'entends avec stupéfaction et amusement ceci : « Et ta q……e, elle est en berne ? » J'observe du coin de l'œil Emmanuel Macron, ne sachant pas trop si je dois faire semblant de n'avoir rien entendu. Je le sens vexé et l'entends dire : « S'il veut la guerre, il l'aura. »

En fait, c'était le dénouement d'un bras de fer et, je le devine, de la naissance d'une détermination qui se révélera inébranlable.

Comment cela, un combat ? Tout commence lorsque ce que l'on a appelé la loi Macron vient sur le devant de la scène. Valls, déjà, il ne s'en cache pas, en prend ombrage.

Il sent la menace et surtout la compétition sur le terrain de la modernité des idées et de ce qu'il appelle le « socialisme pragmatique ». La loi Macron, donc, occupe le devant de la scène médiatique. Macron est bon dans le débat parlementaire, à la surprise des vieux routiers de l'Assemblée, alors même qu'il n'a jamais été député. Mais ça coince quand même avec le groupe.

À cette période, nous nous rencontrons Emmanuel Macron et moi avec nos équipes, car plusieurs articles du projet de loi relèvent du code de l'environnement et du code des transports, qui sont de ma compétence. Comme de coutume, dès qu'un ministère empiète sur le terrain d'un autre, c'est une levée de boucliers dans les directions et dans les équipes. Souvent à juste titre, d'ailleurs, car on assume les conséquences de ses choix, donc on ne veut pas que les choix en question soient faits par le voisin puisqu'il vous renvoie la responsabilité d'éventuelles erreurs.

Je mets fin à cette guérilla et donne clairement et fermement l'instruction à mes équipes d'aider à la réussite de cette loi et de laisser faire ce transfert d'articles tout en veillant bien sûr à ce que mes principes de protection de l'environnement soient respectés.

On m'a souvent demandé si je connaissais bien Emmanuel Macron. En fait, pas vraiment. Je l'avais croisé à l'occasion de plusieurs réunions à l'Élysée sur les sujets de stratégies industrielles dans le domaine de l'énergie, notamment.

On s'est retrouvés sur la même ligne le plus souvent, sur les grands arbitrages délicats relatifs aux grandes filières, notamment nucléaire, que j'avais à conduire comme ministre chargée de l'Énergie.

Mais, surtout, ce que je trouvais très sympathique et respectable, c'est qu'il ait osé épouser une femme de vingt ans de plus que lui. Je me disais qu'il leur en avait fallu, à tous les deux, de la détermination, du courage, en un mot de l'amour, pour affronter les critiques, les sarcasmes, la bêtise et la méchanceté.

Je le comprenais d'autant plus que, comme tout le monde le sait maintenant, car d'autres que moi l'ont dit et écrit, j'avais été cruellement trahie avant et pendant la campagne de 2007 pour une femme de dix ans plus jeune, elle-même ensuite trompée pour une femme de dix ans plus jeune. Dix plus dix, ça fait vingt aussi, mais dans l'autre sens. C'est beaucoup plus conventionnel, n'est-ce pas ? Mais revenons à la loi travail...

Pourquoi Emmanuel Valls utilise-t-il le 49.3 pour faire passer la loi Macron ? On pourrait penser que cela allait aider à l'adoption de la loi. En fait, Macron était furieux, car pour lui c'était une reprise en main. Une mise sous tutelle. Une infantilisation. Il était contre le 49.3, puisque c'est Valls qui devait monter le défendre à la tribune de l'Assemblée. Il voulait continuer à négocier avec les députés. Il a eu peur à ce moment-là de disparaître. Or, la situation s'est retournée ! Aux yeux de l'opinion, le 49.3 est apparu comme un acte de volonté et d'efficacité gouvernementales. Et comme la loi s'appelait loi Macron et lui était bien attribuée, le dénouement politique aussi lui en a été crédité. Et Macron commence sa percée dans les sondages.

Et c'est à partir de là que se met en place le mécanisme de revanche qui sera fatal au quinquennat et à la candidature de Manuel Valls.

Quel est ce mécanisme ? Manuel a pensé qu'il pouvait refaire l'opération à son profit sans Emmanuel (vous avez noté que dans Emmanuel, il y a Manuel). Un jour, il me dit ceci :

« Je vais faire une loi Macron sans Macron. » Ce qui était déjà paradoxal et un peu compliqué. « Moi aussi, je sais faire », me dit-il.

Ensuite les étapes se sont enchaînées : éliminer Macron en donnant la loi à Myriam El Khomri.

Se mettre en première ligne.

Puis monter une opération 49.3 et prendre une posture de fermeté sans entendre les réactions du pays.

Je ne dis pourtant pas que les convictions étaient absentes.

Alors comment expliquer que cela n'ait pas marché ? Parce que, dans la réussite d'une réforme, il y a plusieurs paramètres. Le contexte avait changé. Le porteur de projet avait changé. Le contenu exaspérait, car on ne comprenait pas une telle réforme en fin de quinquennat, où les Français étaient épuisés par tant d'épisodes anxiogènes. La rue réagissait. Et les voix qui se levaient pour dire qu'il y avait mieux à faire n'étaient pas entendues. Manifestement, tenir, même si l'on ne sait plus pourquoi, était devenu le plus important pour la « posture d'autorité ».

Ça me désolait. Et désolait tellement de responsables et d'élus de territoire. Tant d'efforts et trente ans de vie politique, tant de soutien à ce quinquennat, tout cela pour voir la politique s'abîmer de cette façon. Le plus grave, c'est qu'aucun débat au sein du gouvernement n'a eu lieu. Les responsables politiques les plus expérimentés, dont je crois pouvoir dire que je fais partie, n'ont pas été consultés ni associés à une discussion de fond. Fermez le ban. Ce fut la même chose sur la déchéance de nationalité. Consternation quand l'obstination s'oppose à l'évidence de la montée des incompréhensions.

J'ajoute l'argument qui concerne l'image de la France. La voiture de police enflammée avait fait le tour du monde. Abîmant et caricaturant l'image du pays. Or cette image, ce n'est pas seulement un idéal, c'est aussi, lorsqu'elle est abîmée, de la destruction de valeur économique et sociale.

Lorsque j'argumente auprès du président de la République sur la régression des droits, l'inutilité d'une réforme volontairement provocatrice, la faiblesse du dialogue social ou syndical pour la conduire, rien n'y fait !

Le couperet tombe, avec ce mélange de désinvolture et de bonhomie que chacun lui connaît : on ne peut pas reculer. Et en plus, Valls menace de démissionner, ajoute-t-il.

Et je m'entends lui répondre : « Eh bien, si Valls démissionne, c'est le moment de mettre Macron. Ça ouvrira vers le futur. »

Il me regarde, estomaqué et vaguement admiratif pour l'audace. Je sens qu'il devine bizarrement que j'ai un temps d'avance.

L'idée ne fera pas son chemin, car le carré des hollandais historiques veille. Je les reconnais à leurs pulsions de bunkerisation, usant du même vocabulaire contre Macron : incontrôlable, désobéissant, n'appliquant pas les codes ; bref, différent et en marge du clan.

Un mot encore sur la désinvolture

Être désinvolte, c'est penser que parce qu'on est président de la République ou Premier ministre de la cinquième puissance du monde, on en est le seul responsable, l'avant-garde éclairée, le dépositaire universel de tout savoir. C'est être persuadé que la décision que l'on va prendre s'imposera comme la décision de la Nation.

C'est un contresens, parce que nous vivons dans une société beaucoup plus complexe, insérée dans un système mondialisé difficile à appréhender. L'exercice solitaire du pouvoir est donc presque plus dangereux qu'il y a deux ou trois générations, et la moindre improvisation ou marque de désinvolture au sommet de l'État produit immanquablement des résultats désastreux. On le voit dans les réformes institutionnelles, additionnées les unes aux autres sans la moindre évaluation ni réelle concertation. Il est à peine croyable que les décisions les plus lourdes, celles qui ont entraîné le plus de perturbations au niveau national, telles que la loi travail ou la réforme des grands services publics, et aujourd'hui la réforme de l'État, ou les décisions lourdes de conséquences sur les retraités, ou encore la précipitation pour alléger l'impôt des plus riches, n'aient fait l'objet d'aucune délibération collective. Loin, tellement loin de la co-construction, absolument indispensable. Et Emmanuel Macron refait les mêmes erreurs. Exactement les mêmes. Penser que l'injonction à faire des réformes oblige à faire n'importe lesquelles, pourvu que ça bouge. Et penser que le désordre de la rue ou l'épuisement des forces vives d'un pays ou des corps intermédiaires est la preuve d'une réforme accomplie. Erreur. Grave erreur.

La désinvolture provient de l'illusion de pouvoir absolu, combinée à l'inévitable enfermement dans le palais de l'Élysée et dans un emploi du temps intense. Insensiblement, on en vient à penser que l'on peut décider de tout. Et pour peu que l'on n'ait jamais cru à l'intelligence collective, à la démocratie participative, à la nécessité de la délibération, pour peu qu'écouter des points de vue divergents vous semble une perte de temps, alors, c'est presque mathématique, on commet des erreurs. Car, j'en suis convaincue, il n'y a pas d'antinomie entre la capacité de décision et d'arbitrage et la capacité d'écoute. Bien au contraire.

À cela s'ajoutent les déplacements internationaux qui déconnectent des réalités quotidiennes.

Les plus grands moments d'euphorie, ce sont les voyages présidentiels à l'étranger. C'est quelque chose qui est hors du temps et de l'espace. Une autre planète. Avion présidentiel, équipage, arrivée, tapis rouge, troupes en uniforme, les plus beaux endroits, les entretiens les plus intéressants, la communauté française joyeuse, les notes diplomatiques érudites qui, quand on prend la peine de les lire apprennent beaucoup de choses, découverte de nouveaux pays, rencontres passionnantes.

Personnellement, j'étais protégée contre le risque de déconnection, car j'avais observé ce phénomène lorsque j'étais conseillère à l'Élysée durant le premier quinquennat de François Mitterrand. Je ne prenais pas part aux voyages à cette époque, mais j'observais et j'apprenais. Je voyais rentrer des conseillers complètement sur leur nuage, tout avait changé en eux. L'allure, le regard, le comportement. Cela durait souvent plusieurs jours. Ils avaient l'impression d'avoir accompli quelque chose de très important, changé la face du monde. Qu'ils étaient irremplaçables. Et puis la réalité de la politique française reprenait le dessus. Tellement banale et tellement à ras de terre, semblaient-ils penser. Heureusement pour eux, le prochain voyage se profilait et ils allaient pouvoir repartir sur leur nuage où tout n'est que luxe, calme et volupté.

C'est sans doute le moment de la vie politique le plus fort pour les ego et le narcissisme. Que l'on ne retrouve nulle part ailleurs. Ajoutez à cela que ces voyages exigent un très gros travail de préparation et engendrent donc le sentiment du devoir accompli et que l'euphorie est méritée.

III

Le Bien-Être en politique : réussir à laisser une trace positive

S'il fallait définir l'idéal de l'action politique, je dirais que c'est d'avoir réussi à accomplir pour le pays et ses citoyens des progrès irréversibles.

On l'a vu, une vie politique comporte beaucoup de contraintes, de coups reçus, d'ingratitude. Mais aussi des joies, et le bonheur partagé de mener des réformes positives et durables. Des changements de modèle. Une trace qui reste. Et pour laisser une trace, il faut prendre des chemins de traverse, ne pas rester dans les sentiers balisés, prendre des risques pour soi, se faire comprendre, et trouver avec qui construire et avancer.

Loin de moi l'idée de livrer ici une sorte d'inventaire complet. Mais je voudrais, comme contribution à la réhabilitation de l'action politique, si décriée de nos jours, donner quelques exemples de ces progrès réalisés dans les domaines qui m'ont été confiés. Ce ne fut jamais facile, et souvent éprouvant. Mais tellement gratifiant quand l'accomplissement était là.

Éradiquer la violence à l'école

On ne peut pas bien apprendre la peur au ventre. Ministre de l'Enseignement scolaire, je n'ai eu de cesse de m'attaquer à ce tabou des violences à l'école, pour la première fois dans l'histoire de l'Éducation nationale. Les syndicats n'étaient pas favorables. Cela donnait une mauvaise image de l'école, disaient-ils, on ne pourrait pas maîtriser les conséquences. Mais j'étais déterminée. J'y ai laissé beaucoup de temps, d'énergie, nons sans lassitude parfois. Mais je pensais que si les résistances et les rébellions étaient aussi fortes, c'est qu'il fallait redoubler d'efforts pour libérer le système scolaire des mauvaises habitudes, et, là aussi, de la loi du silence.

Je lance alors une campagne de mobilisation contre le racket à l'école, mais qui vise en réalité toutes les formes de violence, dans ou en dehors des établissements. J'engage une lutte contre le crime de pédophilie via une circulaire officielle, et secondée par une équipe de magistrats déterminés, pilotée par Jean-Michel Hayat, ce que jusqu'alors personne n'avait osé faire. Des pédophiles menaceront. Les attaques seront nombreuses. Mais je tiendrais bon. Un petit document sera diffusé à tous les élèves, *Mon corps, c'est mon corps, j'ai le droit de dire non*, et les recteurs d'académie pourront mettre fin aux agissements d'enseignants abuseurs, en repérant les classes où le document n'avait pas été distribué par le maître. En dépit des menaces reçues et des tentatives d'empêchement, il n'y a eu aucun dérapage, bien au contraire. Sur le bizutage, la résistance de certaines grandes écoles, comme les Arts et Métiers, les classes prépa ou les écoles de commerce, a été particulièrement violente jusqu'à m'intenter un procès devant la Cour de justice de la République. J'avais signalé des enseignants qui avaient laissé faire des sévices sexuels sur des jeunes filles en classe préparatoire vétérinaire à Marseille. L'épreuve fut pour moi particulièrement éprouvante, mais le procès fut gagné. Et depuis, malgré quelques récidives, ce fléau a été éradiqué grâce à la loi que j'ai fait voter. Encore aujourd'hui, je reçois des messages d'amitié d'étudiants en médecine, qui me remercient de ne pas avoir à subir les humiliations vécues par leurs aînés.

À la Famille : le congé de paternité et la parité parentale

Lorsque j'y arrive, je suis un peu déçue de n'avoir que ce « petit » ministère, mais, comme chaque fois qu'on me confie des responsabilités, je me dis que d'un petit ministère on peut en faire un grand par la trace qu'on y laissera. Et c'est exactement ce qui se passe : très rapidement, j'en viens à la question de la parité parentale, qui fait écho pour moi au combat nécessaire pour la parité politique. Les droits comme les devoirs, dans tous les domaines, doivent être équilibrés. Au contact des chercheurs, que je réunis toutes les semaines au cours des « Mardis de Brancion », je découvre que, dans les familles des pays nordiques où les pères se sont occupés de façon très précoce des enfants, les couples sont plus durables, sans parler des bienfaits pour les bébés. J'engage donc une grande réforme révolutionnaire qui, à ma grande surprise, ne rencontre aucune objection au sein du gouvernement. Les autres ministres ne sont pas très à l'aise sur ce thème considéré comme « de droite » et on me laisse faire. Cela fait franchir à la famille un grand pas. Tout le monde y est gagnant : le père, qui dans son entreprise se voit reconnaître ce droit souvent nié ou rabaissé ; la mère, qui peut partager les joies et la charge d'une naissance ; et bien sûr l'enfant. Et quand, tous les ans, je prends connaissance du nombre d'hommes qui ont bénéficié du congé paternité (environ 450 000 chaque année), je suis contente d'avoir laissé cette trace irréversible de féminisme positif !

Mais cette réforme majeure s'intègre dans un ensemble que j'ai appelé « loi sur l'autorité parentale » qui, elle, me vaut l'hostilité du ministère de la Justice, persuadé d'avoir le monopole des modifications du Code civil. À force de persévérance, je parviens néanmoins à y faire inscrire un chapitre nouveau consacré à l'autorité parentale, qui s'applique à tous les enfants, quelles que soient les circonstances de leur naissance, et à tous les parents, quel que soit le statut de leur couple. Du monopole de l'autorité paternelle hérité de la période napoléonienne, nous passons à un ordre plus juste qui fait la place au droit de la femme et à celui de l'enfant... tout en donnant davantage de droits et de devoirs concrets au père ! Cette réforme illustre des idées qui me sont chères : celle du gagnant-gagnant pour les parents et pour l'enfant, mais également celle de la démocratie participative, en ce qu'elle institue la famille comme petite cellule démocratique reposant sur le dialogue et le juste équilibre des droits et des devoirs.

Et cette cellule survit au divorce et à la séparation, grâce à la création de la garde alternée. À compter de l'âge de 13 ans, l'enfant peut être associé aux décisions qui le concernent, le juge pouvant prendre toute mesure permettant de garantir l'effectivité et la continuité de son lien avec ses deux parents. Quand, aujourd'hui, lors de tous les mariages célébrés en mairie, l'officier d'état civil lit l'article du Code civil sur l'autorité parentale, je me dis que j'ai laissé ma trace (article 371-2 du Code civil : Chacun des parents contribue à l'entretien et à l'éducation des enfants à proportion de ses ressources, de celles de l'autre parent, ainsi que des besoins de l'enfant).

Cette obligation ne cesse pas de plein droit lorsque l'enfant est majeur.

Enfin, la grande nouveauté : la création de la médiation familiale instaure une obligation de dialogue pour trouver des solutions amiables, là encore afin d'éliminer le plus possible la violence.

Avec la parité parentale, ce sont à la fois les droits des mères, des pères et des enfants qui progressent, et d'une façon très concrète. Car j'ai toujours veillé à faire correspondre à un droit nouveau les conditions concrètes qui permettent de l'exercer.

Je pourrais ajouter, dans les traces laissées : la lutte contre le surendettement des familles, la réforme de l'accouchement sous X, pour créer le droit à connaître ses origines. Comme ministre de l'Enfance, j'ai également fait voter l'interdiction de la prostitution des enfants, la sanction sur les clients ainsi que sur la répression sévère de la pédopornographie. Aussi surprenant que cela puisse paraître, ce ne fut pas facile. J'ai entendu au Sénat des réflexions sur « les risques encourus par des clients d'une prostituée qui mentirait sur son âge ».

Comme ministre des Handicapés, je suis heureuse d'avoir lancé le premier plan d'intégration des enfants handicapés à l'école, là aussi, avec de bien tristes réticences à surmonter, sur un sujet qui me tient à cœur et qui a fait l'objet d'une passe d'armes lors du débat d'entre les deux tours de la présidentielle…

Poitou-Charentes :
l'excellence écologique
avec dix ans d'avance

La trace de l'action se laisse aussi dans les territoires que l'on dirige. Y accomplir des transitions positives est l'une des plus grandes satisfactions en politique.

Dès 2004, bien avant que l'environnement ne soit à la une des actualités, nous avons fait de cette région un territoire d'excellence environnementale, avec des audaces visionnaires, et partagées au plus profond par tous les habitants de ce territoire rural. Ce fut un cheminement prodigieux. Cette priorité a été intégrée dans tous les domaines. Je ne peux tout dire ici, bien sûr : reconnue 1ère Région d'Europe pour le Plan énergie solaire ; création du Fonds de résistance photovoltaïque au moment où, nationalement, la filière s'effondrait ; construction du lycée Kyoto, premier lycée en Europe 100 % énergie propre ; première région non-OGM ; l'augmentation de 70 % de la surface agricole utile dédiée à l'agriculture biologique ; plan « 0 pesticide dans ma commune » ; et 2,5 millions d'arbres replantés.

Nous avons voulu aussi une région exemplaire pour les droits des femmes, avec par exemple le Pass-contraception gratuit dans les lycées ; le bonus de 20 % déjà évoqué pour les créations d'entreprises initiées par des femmes ; ou encore le doublement du nombre de femmes apprenties notamment dans les métiers dits « masculins ».

Les autres grandes œuvres de la Région auront été la démocratisation de la culture, le budget participatif des lycées, l'essor de l'apprentissage, la multiplication des créations d'entreprises. Et un pilotage collectif du travail, chaque élu étant référent d'un territoire. L'expérience de toutes ces actions me sera précieuse pour être tout de suite efficace au ministère.

Au ministère de l'Environnement, de l'Énergie et de la Mer

Les chantiers furent considérables, mais le bonheur des avancées irréversibles le fut aussi : redonner à l'environnement sa force et son rôle d'entraînement ; faire voter la loi Transition Énergétique ; adopter la loi de reconquête de la biodiversité de la nature et des paysages ; donner un cap et du souffle aux énergies renouvelables ; réussir les premières obligations vertes, créer la

Green Tech verte ; libérer le financement participatif des projets d'énergies renouvelables et inventer des territoires à énergies positives ; donner aux citoyens par le crédit d'impôt la capacité d'agir pour économiser l'énergie.

Les transitions énergétiques et écologiques sont paralysées par deux craintes : d'une part, celle de leur coût, qu'on imagine prohibitif, et d'autre part, celle de leurs conséquences potentiellement négatives sur l'emploi. Il faut donc, pour bâtir l'avenir, répondre à ces questions et aller de l'avant en prouvant que le mouvement protège ; allier une dynamique de changement et une plus grande sécurité, sans oublier la part de rêve qui se trouve dans le nouveau rapport à la nature. Il faut porter un élan, un désir d'avenir pour la planète.

C'est pourquoi, à mes yeux, l'écologie ne sauvera le monde que si elle sait être positive. En arrivant à la tête de la région Poitou-Charentes, puis à celle du ministère de l'Environnement, j'ai imposé cette vision. J'avais été frappée par les discours punitifs des écologistes traditionnels, pour qui, trop souvent, se réconcilier avec la nature était synonyme de souffrance et d'impôts supplémentaires. Une écologie triste.

Or la sobriété n'est pas la privation. Et l'adoption d'un mode de fonctionnement économe ne signifie pas le retour au temps où l'on manquait de tout, ni même à celui où l'on ne manquait de rien, mais où l'on interdisait certains plaisirs, comme celui de bien manger. Il ne faut pas confondre privation austère et exigence. Il ne faut pas confondre sacrifice et responsabilité collective. J'ai toujours cherché à incarner cette exigence, pour pouvoir la demander aux citoyens. Chacun peut agir, on a besoin de tous. Si on ne me demande rien, cela prouve que je ne sers à rien. Il faut donc convaincre que la manière dont chacun se comporte a une importance, que le quotidien a une importance. Et c'est entre autres par l'école que passe cette éducation à l'environnement, les plus jeunes éduquant ensuite les générations précédentes souvent adeptes de la société de consommation irréfléchie.

Un principe : la non-régression

Il existe une règle non écrite depuis la création du premier ministère de l'Environnement : c'est que ses ministres sont solidaires de leur prédécesseur(e). Ils savent que la tâche est difficile et qu'elle exige de la continuité. Qu'il est, dans ce domaine, beaucoup plus difficile de faire un pas en avant que dix pas en arrière. Et que, par conséquent, la première des exigences, c'est de refuser tout recul.

Quand je prends mes fonctions en 2014, je découvre que le Grenelle de l'environnement organisé sous la présidence de Nicolas Sarkozy et piloté par Jean-Louis Borloo est effacé de la mémoire du ministère. Or il s'agit à mes yeux d'une étape importante et d'une belle réussite politique. Or, depuis 2012, mes prédécesseurs ont donné l'ordre d'effacer ce Grenelle. C'est contraire à ma vision de la politique, et je demande immédiatement que ses acquis soient intégrés aux politiques que nous allons mettre en place. L'étonnement est général !

Je revendique donc dès le début de marcher dans les pas de tous ceux dont j'estime qu'ils ont su faire bouger les choses : Nathalie Kosciusko-Morizet et Chantal Jouanno, courageuses et volontaires, et surtout Jean-Louis Borloo, imaginatif, actif, efficace, et que je retrouverai pour travailler sur les énergies renouvelables en Afrique, en faveur desquelles il a beaucoup œuvré. Je m'inscris dans leur continuité, je m'appuie sur ce qu'ils ont réalisé, pour aller plus loin, ainsi que sur les travaux préparatoires de lois pas encore votées.

Toute critique politicienne d'un prédécesseur et toute régression sur une de ses conquêtes conduit, à terme, à un affaiblissement du ministère. En quittant mes fonctions, la règle que je me suis posée est la suivante : je réagis ou recul et quand une inexactitude est affirmée. Sur les nouvelles actions, je m'abstiens de réagir, même quand je les désapprouve, pour éviter toute polémique et parce que c'est aux ONG et à la presse de faire ce travail.

Quand Nicolas Hulot, militant de la cause écologique de la première heure, est nommé ministre dans le gouvernement d'Édouard Philippe, je dis de lui en l'accueillant qu'avec lui le ministère est entre de bonnes mains. Pourtant, il se fait imposer des arbitrages conduisant à mettre en cause l'équilibre du nucléaire, à détruire le crédit d'impôt de transition énergetique, à relancer les permis miniers que j'avais refusé de signer, il vote pour le Glyphosate pour cinq nouvelles années et autorise l'importation d'huile de palme. À mes yeux, chacun de ses pas en arrière l'a affaibli lui-même et surtout a affaibli la position du ministère pour les arbitrages à venir. Mais il faut lui rendre justice pour avoir eu la volonté de mettre fin, en partant, à cet écart qu'il jugeait insupportable entre le discours et les actes.

D'une certaine façon, ses expressions récurrentes de lassitude n'ont-elles pas réhabilité la politique ? Car elles démontraient que ce n'est pas facile et que le travail est considérable. Mais je crois aussi qu'il a disposé d'une marge de manœuvre qu'il a sans doute sous-estimée : qu'il n'a pas su comprendre ni maîtriser ce formidable outil qu'est un ministère de 50 000 agents regroupant l'ancien ministère de l'Environnement et l'ancien ministère de l'Équipement, traditionnellement considéré comme un ministère masculin. Un ministère unique qui met quotidiennement aux prises avec des sujets aussi variés que l'énergie, les équipements portuaires, aéroportuaires, routiers, la nature, le paysage, la biodiversité, l'eau, la protection des animaux, la mer et l'océan, le littoral, les parcs nationaux et régionaux. Un ministère qui réunit ce qui peut détruire l'environnement et ce qui le répare.

Le domaine de l'environnement est particulier, puisque plusieurs ministres ont démissionné, phénomène unique en son genre, aucun autre ministère n'étant frappé par cette fièvre.

C'est peut-être la preuve que ce ministère est le plus dur à piloter, et qu'il nécessite des réformes en profondeur, en particulier la nécessité absolue de bénéficier de relais dans chaque autre ministère et à chaque échelon local. En effet, comme je l'ai démontré dans ce livre, la question de l'environnement est à la fois le principal problème et la principale solution aux défis auxquels nous sommes confrontés, que ce soit au plan local, national ou mondial.

Regardons à ce sujet l'une des préoccupations majeures des Français, à savoir le pouvoir d'achat et l'emploi. L'indice des prix montre que c'est le coût de l'énergie qui est le principal facteur de hausse. Ce fut d'ailleurs l'un des combats majeurs que j'ai menés : faire baisser les prix de l'énergie ou, à tout le moins, garantir aux citoyens un prix juste. J'ai mené bataille pour obtenir une transparence des tarifs de la part d'EDF, et même, pour la première fois, une baisse obtenue de haute lutte. De la même façon, la baisse du prix des autoroutes n'a été acquise qu'au terme d'un bras de fer mémorable. Depuis, les prix sont repartis à la hausse, les lobbies ne semblent plus rencontrer de résistances, par lesquelles l'intérêt général s'impose aux intérêts particuliers, eux-mêmes légitimes s'ils contribuent à l'intérêt général.

La révolution énergétique.
Au ministère : forts parce que vivants

En 2014, à la veille du remaniement, je ne sais pas encore si j'entre au gouvernement. Je sais parfaitement que la plupart des hommes, eux, sont déjà au courant de leurs attributions, en tout cas pour les plus importantes. Une fois de plus, les femmes, même au moment de la constitution d'un gouvernement, sont les variables d'ajustement. Contrairement à ce que l'on pourrait imaginer, je ne bénéficie d'aucun traitement particulier. Le temps passe. Le jour même du remaniement, une heure à peine avant l'annonce, je suis informée. Le président m'appelle pour m'asséner « Bon, Cécile Duflot n'a pas voulu entrer à l'Environnement, donc je ne vois pas qui d'autre fera l'affaire, et après un début de quinquennat aussi calamiteux sur le sujet, il faut une pro. » J'étais contente de retrouver l'Environnement. Depuis toujours, c'est ma passion, l'engagement le plus durable de ma vie politique.

Coïncidence de calendrier, c'est aussi un 6 avril que j'avais été nommée ministre de l'Environnement, vingt-cinq ans plus tôt ! Et là encore parce qu'un autre ministre démissionnait, Brice Lalonde. Je venais de mener un rude combat contre la destruction du marais poitevin, seconde zone humide d'Europe, menacé par un projet d'autoroute dans ma circonscription des Deux-Sèvres. J'avais affronté tous les notables locaux, de droite comme de gauche. J'avais souffert mais j'avais obtenu gain de cause dans ce qui fut l'une des premières défaites infligées au parti apolitique de la destruction sauvage de la nature. Et François Mitterrand m'avait appelée pour être sa ministre de l'Environnement en me disant : « Il n'y a que vous au PS qui ayez compris la valeur de la nature. » À ce moment-là, je suis enceinte de mon quatrième enfant. Mais cela ne se voit pas. Bien évidemment, je ne dis rien, ce que d'ailleurs personne ne m'a reproché par la suite. Le marais poitevin sera classé Grand Site de France, entrera dans les grands travaux présidentiels et bénéficiera d'une réhabilitation remarquable du patrimoine.

Je retrouve donc ce ministère, que je sens secoué par les changements permanents et les démissions à répétition. C'est un engagement total, auquel je donne tout pendant trois ans. Vingt ans après avoir accompagné François Mitterrand au Sommet de la terre à Rio, j'ai l'occasion, à la présidence de la COP 21, de participer à la ratification de l'accord universel dont l'humanité a besoin.

Ce ministère, je le retrouve donc en 2014 avec une vraie joie, et il me tarde d'amplifier, aux niveaux national et international, un combat de longue haleine. Songez que, lors de ma première campagne électorale en 1988 dans les Deux-Sèvres, l'écologie fait déjà partie de ma profession de foi, alors même que dans tous les partis de l'époque, cette préoccupation est totalement absente. On me déconseille d'ailleurs ce thème, car la circonscription est très rurale. J'ai tenu bon et j'ai bien fait. Les petits paysans sont les premiers observateurs et connaisseurs de la nature, les premières sentinelles du dérèglement climatique. C'est à eux que je dois ma détermination pour interdire, dès mon élection à la tête de la région Poitou-Charentes en 2004, les OGM sur les communes volontaires, puis le Régent et le Gaucho, ces deux pesticides destructeurs d'abeilles. Nul doute que, si de telles décisions avaient été prises au niveau national, c'est tout l'environnement qui en serait protégé. C'est bien cette expérience qui me permettra, plus de dix ans plus tard, en 2015, de m'opposer fermement à la reconduction de l'usage du Glyphosate.

Le 2 avril 2014, quelques minutes après la passation de pouvoir, je suis avec mes équipes dans mon grand bureau, que je découvre triste et poussiéreux malgré les lambris dorés. Pendant quelques instants, je doute. Tout semble épuisé et les défis sont immenses. Vais-je y arriver ? Je me pose la question plusieurs fois, puis je respire profondément, et je me tourne résolument vers cette nouvelle aventure à laquelle je sais que je vais consacrer mes jours et souvent mes nuits, vacances et week-ends compris, avec des équipes au taquet.

Immédiatement, nous posons le diagnostic : ce ministère majeur a connu six ministres en quatre ans. L'administration est épuisée et démobilisée par tant de secousses et elle s'est recroquevillée dans un réflexe bien compréhensible d'autoprotection. Je comprends, grâce à mon expérience de terrain, qu'il est nécessaire de tourner le dos à l'écologie punitive et qu'il est impératif d'entraîner tout le monde dans une dynamique participative positive. J'identifie pour cela un marqueur fort : le doublement du crédit d'impôt pour les travaux réalisés par les particuliers en matière d'énergie propre, de transports propres, et d'économies d'énergie. Avec une double simplification radicale : un taux unique à 30 % et la suppression de l'obligation de réaliser deux types de travaux, obligation qui freinait considérablement le recours au crédit d'impôt.

Pendant quarante-huit heures, je réfléchis pour appréhender au mieux la masse du travail à accomplir. Alors qu'il me présente une pile de plusieurs mètres de parapheurs, un fonctionnaire du ministère me demande si je suis d'accord pour qu'ils soient paraphés grâce à un tampon imitant ma signature. Je réponds : « Non, nous devons nous voir et discuter en équipe. » Et l'aventure commence.

Cette aventure, il me faut donc y entraîner l'administration.

Je me souviens de la première réunion des directeurs d'administration. Ils ne me regardent pas, ils sont tristes, fatalistes, et m'écoutent la tête rentrée dans les épaules. Ils ne redoutent pas le pire, ils y semblent habitués ! C'est que, depuis plusieurs années, ils perdent tous les arbitrages stratégiques face aux autres ministères : l'Agriculture, l'Industrie et surtout les Finances. Je les regarde et je leur dis : « Vous allez voir, on va gagner les arbitrages interministériels et on va bien le faire ensemble, il faut que je maîtrise totalement les dossiers. » Les premières fois, ils sont très surpris quand je les appelle à propos d'un dossier technique avant un arbitrage budgétaire. Je leur dis en riant : « Venez, comme à l'armée, vous me faites un brief. » Et j'ajoute : « Si je maîtrise parfaitement mon dossier, je vais remporter l'arbitrage interministériel, parce que, dans les réunions de ministres, c'est moi qui vais connaître le mieux le sujet. » Le travail paie et ma créativité a besoin de compétences pour se traduire en actes.

Dans le même temps, je redonne vie aux locaux du ministère pour que notre cadre de travail ressemble à nos combats. Je mets fin à l'emploi de pesticides dans les jardins, j'installe un poulailler, je fais planter un potager et je fais venir des moutons, que découvrent avec surprise mes visiteurs de marque. J'invite une association à investir les lieux tous les mercredis avec des enfants handicapés. Ce sont eux qui s'occupent des poules, des moutons et du potager. C'est un bonheur de les voir si heureux. Les voitures sont éliminées de la cour d'honneur, que je fais végétaliser par les jardiniers de Chaumont-sur-Loire dont j'avais visité et soutenu le magnifique Festival des jardins.

Avec le cadre, l'ambiance change radicalement. Le surcroît de nature s'accompagne, comme toujours, d'un surcroît d'humanité. Le vivant prend ses quartiers dans le ministère et il facilite grandement mon travail de conviction et d'entraînement. Je revois les ambassadeurs, que je convie régulièrement pour les mobiliser sur la ratification de l'accord de Paris, abandonner leur voiture dans la rue, slalomer à pied entre les plantations de la cour d'honneur, puis, et à l'arrière du ministère, croiser successivement les moutons qui tondent placidement la pelouse, les poules en liberté et les abeilles installées au cœur du plus beau salon, dans une ruche communiquant avec l'extérieur !

Et tout cela fait la différence ! Nous sommes forts parce que nous sommes vivants et que nous associons une vision politique anticipatrice et un savoir-faire administratif. Tout le monde est en ordre de bataille, et chacun est heureux quand un arbitrage est remporté.

Dans la foulée, je prends à bras-le-corps la finalisation de la loi de transition énergétique.

La transition énergétique : un travail de titan

La première fois que je demande où en sont les travaux de la loi de transition énergétique, un conseiller m'emmène dans une pièce du premier étage, appelée le salon blanc, où s'empilent huit cartons remplis de papier, et me dit : « Voilà, c'est la loi de transition énergétique. » Nous en étions là : pas loin d'un millier d'articles dans un désordre indescriptible. Je m'enferme avec mes équipes et nous commençons à découvrir la loi comme on ouvre des cartons de déménagement ! Un huissier me dit timidement : « Mais non, ce n'est pas votre travail, madame la ministre. » Et pourtant si ! Je me retrousse les manches et je fixe à mes équipes un délai qui leur semble fou : la loi doit être votée avant la COP 21, donc avant le mois de décembre 2015 : « On va faire en sorte que la France soit le premier pays à s'appliquer à lui-même l'accord de Paris sur le climat, avant même la réalisation de cet accord. » Tous les spécialistes s'écrient que c'est totalement impossible. Pourtant, le 4 août 2015, la loi de transition énergétique est promulguée, votée, appliquée, et la plupart des décrets d'application sont pris : 200 articles bien structurés qui mettent en place la transition, les transports propres, le nucléaire, le droit de l'environnement, l'économie circulaire.

Pour la première fois dans l'histoire parlementaire, nous avons, pendant le débat et par anticipation, préparé les textes réglementaires pour s'assurer que la loi serait appliquée dès sa promulgation. Et ce qui a servi d'aiguillon pour finaliser vite ces textes novateurs, c'était la perspective de la conférence de Paris sur le climat. Rendre la France crédible par exemple.

Le flair politique dont on veut bien parfois me créditer me fait sentir tout de suite le piège à éviter : ne pas se laisser happer par les conflits sur la place du nucléaire et ne pas laisser la loi être en quelque sorte prise en otage par ce sujet, au risque de faire échouer toutes les autres avancées.

Le cap est trouvé dès le départ et servira de repère pendant les longues semaines de débat qui s'annoncent très difficiles, avec plusieurs milliers d'amendements parlementaires. Pourtant, au fil des heures, des jours et des nuits, l'intelligence nourrie de l'importance du sujet pour l'avenir de la France reprend le dessus et les échanges deviennent passionnants, car il s'agit ni plus ni moins d'inventer un nouveau modèle de production et de consommation. L'intérêt général semble avoir raison des clivages politiciens. Belle séquence parlementaire, marathon imprévu et ardu, où l'expérience de longues années passées sur les bancs de l'Assemblée nationale a été décisive.

Dès que l'on donne aux élus une perspective qui les inscrit dans le temps long et qui défend l'intérêt national, on parvient à les impliquer dans le raisonnement de fond. De temps en temps, ça dérape vers la politique politicienne, c'est la vie, mais au bout du compte le débat a été vraiment de grande qualité, constructif. Il y eut, comme d'habitude, de la part de l'opposition, des tentatives de renvoi en commission, des allégations d'inconstitutionnalité, des débuts de blocage, mais alors je me levais et leur disais « Mais non, la COP 21 commence en décembre, vous ne pouvez pas demander le report du projet de loi dans deux ans. Ça sera fini, on sera après l'histoire. »

Une révolution pour la Biodiversité

La loi que nous portons au Parlement avec Barbara Pompili interdit – et nous sommes le premier pays du monde à le faire – les pesticides tueurs d'abeilles et toxiques pour la santé humaine et la nature, à compter du 19 septembre 2018. Elle protège aussi la biodiversité marine et me permet la création de la cinquième plus grande réserve marine du monde dans les eaux des Terres Australes Françaises. J'ai pu ainsi en trois ans, faire grimper de 4 à 20 % les espaces marins protégés de l'océan français par la création de parc marin. Magnifique chantier qui me permettra, au moment des négociations sur l'accord de Paris, d'y intégrer l'Océan, ces 70 % de la surface de la planète, qui en était jusqu'alors absent !

Ce qui a été également remarquable, c'est l'adoption de grands principes structurants : la réparation du préjudice écologique ; le principe de non-régression ; le principe de solidarité écologique ; l'interdiction du brevetage du vivant (pour éviter les pillages) ; la protection de la biodiversité cultivée en levant l'interdiction des échanges gratuits entre agriculteurs de semences végétales ; la généralisation des atlas du paysage.

La loi est votée à l'unanimité. La France tout entière s'y reconnaît au-delà des clivages habituels. C'est une double joie, car c'est un bond en avant, unique au monde, qui va aspirer de nombreux pays, et faire entrer pour la première fois la biodiversité dans les négociations climatiques.

Une révolution planétaire : la signature de l'accord de Paris et sa ratification

Avec la COP 21, ce qui paraissait impossible est devenu possible.

Cette COP, il faut d'abord décider de l'accueillir en France, malgré l'opposition d'une partie du Quai d'Orsay, qui y voit, après l'échec du sommet de Copenhague, un vrai risque diplomatique. Cet échec, il se trouve que je l'ai observé, puisque, en tant que présidente de région, j'avais participé au sommet. C'est parce que j'ai décortiqué et étudié les raisons de ce naufrage que je crois la France capable de réussir. Le président de la République François Hollande décide de dire oui. Aucun autre pays n'était encore candidat. Autrement dit, sans lui, il n'y aurait pas eu d'accord sur le climat, à Paris. Son successeur n'aurait pas démérité en ayant l'élégance de le reconnaître lors du One Planet Summit qui en est la continuité.

Contrairement à ce qui s'est passé à Copenhague, où j'avais vu les chefs d'État n'arriver qu'à la fin des discussions, abandonnant les négociations préalables à une bureaucratie complexe et opaque, qui tourne en rond depuis des années, je convaincs François Hollande et Laurent Fabius qu'il est absolument impératif de donner une impulsion politique forte dès l'ouverture des travaux. Le ministère des Affaires étrangères au début, et surtout les négociateurs-experts, sont hostiles à cette stratégie qui leur enlève du pouvoir, mais je suis écoutée, et cette solution est acquise. Ça a tout changé, comme le diront plusieurs chefs d'État, et comme Al Gore m'en remerciera publiquement.

La COP 21 est la réunion de la dernière chance, après vingt et un ans de palabres. Le ministre des Affaires étrangères s'occupe avec efficacité des négociations de l'accord et j'ai la charge des coalitions de l'action opérationnelle, notamment l'Alliance solaire internationale, l'accès de l'Afrique aux énergies renouvelables et la protection de l'océan que j'ai réussi à inscrire, comme je viens de l'expliquer, à l'ordre du jour. Je tiens ici à saluer l'engagement sans faille d'une personnalité qui aura été très présente, y compris dans des réunions modestes, pour m'aider à imposer le thème de l'océan : le prince Albert de Monaco, dont l'histoire familiale est remarquablement pionnière dans ce domaine, avec le Musée océanographique créé par son aïeul et le centre de recherche sur les coraux, de toute première importance. Je prends à bras-le-corps immédiatement, dès ma nomination en tant que présidente de la COP en avril, la ratification par chaque pays, c'est-à-dire l'adoption concrète par chaque gouvernement ou par chaque parlement de l'accord de Paris. C'est un autre match que celui de l'accord oral à mains levées donné dans l'euphorie d'une belle réunion.

Le travail parait titanesque. Le réseau diplomatique a été particulièrement performant. Drôle de milieu que ce réseau. Capable du plus décevant : mesquineries, coups bas, compétitions. Et du meilleur : mobilisation intellectuelle, stratégique, heures de travail sans compter. À condition d'avoir un objectif, une feuille de route, un combat. Comme la COP 21.

Je pressens qu'un accord se précise quand j'apprends que Barack Obama maintient sa venue malgré les risques d'attentat. Il est le premier chef d'État important à annoncer qu'il sera présent personnellement, et c'est un extraordinaire signal de mobilisation. Mon pressentiment se confirme lorsque je vois se nouer un axe américano-chinois. La dynamique est là : je sais que nous pouvons aboutir. Et nous aboutissons en effet, dans ce qui reste un des moments les plus marquants du quinquennat. Des personnalités exceptionnelles auront contribué à cette réussite : Barack Obama, qui aura apporté son charisme incomparable, Mike Bloomberg, envoyé spécial de l'ONU sur le climat et ancien maire de New York, qui avec sa fondation compense sans relâche les reculs, John Kerry, le ministre des Affaires étrangères américain, toujours affable et souriant, à la haute silhouette élégante, Al Gore, l'ancien vice-président, qui embarque ses auditeurs, Jerry Brown, le gouverneur de Californie au franc-parler, qui fédère les États et s'implique sur l'agenda de l'action, Mary Robinson et Ban Ki-moon, le secrétaire général de l'ONU, injustement critiqué et dont le charisme nous manque, Leonardo DiCaprio, envoyé spécial pour le climat.

Le cri d'alarme des États insulaires en voie de disparition sous la hausse du niveau de la mer aura été le moment le plus poignant.

Quand tous les chefs d'État et toutes les délégations se lèvent et applaudissent, la plupart d'entre eux croient que tout est terminé. Mais, pour moi, tout commence. L'accord a été signé... mais il reste à le ratifier. Mon intuition : il ne faut pas traîner, il faut que l'accord entre en vigueur le plus rapidement possible.

C'est un formidable marathon qui démarre. Après plusieurs réunions avec les services juridiques, je comprends que tout est à inventer et qu'il n'existe pas vraiment de doctrine ni de mode d'emploi sur les procédures de ratification. La première démarche qui se révèle difficile, si incroyable que cela puisse paraître, c'est la ratification... par la France ! On nous oppose l'échelon européen et l'impossibilité de ratifier avant les instances européennes. Mais personne n'est en mesure de préciser quelle est la procédure européenne. Conseil ? Parlement ? J'entraîne mon équipe en commando de persuasion. Je fais d'abord le siège du secrétariat général du

gouvernement pour que la ratification soit inscrite à l'ordre du jour du conseil des ministres.
Plusieurs ministres importants et la plupart des
hauts fonctionnaires sont sceptiques, mais qu'à
cela ne tienne ! Je m'assure personnellement
que le texte est inscrit et adopté.

Puis, épaulée par une petite équipe moti-
vée et par un diplomate créatif, Alain Leroy,
j'entame un tour d'Europe. En Slovaquie, à
Bratislava, Robert Fico, le Premier ministre,
est un peu surpris. J'écris à tous les chefs de
gouvernement européens ; je rencontre Donald
Tusk, président du Conseil européen, Martin
Schulz, celui du Parlement. Tous soutiennent
et appuient mes efforts. Nous avons un argument qui emporte l'adhésion des sceptiques :
vous n'allez quand même pas laisser l'accord
de Paris entrer en vigueur sans l'Europe ? Il
accepte alors de convoquer un Conseil des
ministres européens spécial. Au cours de ces
semaines trépidantes, je mesure l'efficacité et la
mobilisation du réseau diplomatique français.
Après le Conseil, c'est la Commission qui signe,
grâce à l'engagement de Jean-Claude Juncker.
Celui-ci, qui connaît parfaitement les rouages et
les hommes de Bruxelles, persuade sans ména-
gement, avec une grande claque, le commissaire

au Climat et à l'Énergie que nous peinions à convaincre. S'ensuit une tournée africaine couronnée de succès. Puis j'ai le bonheur de voir la ratification par le Parlement européen, où je me rends avec Ban Ki-moon. Nous avons la signature de 50 % des États, représentant 50 % des émissions de gaz à effet de serre, soit la clef de la ratification de l'accord de Paris. Après un mois de délai, l'accord entre en application, le 4 novembre. Quatre jours plus tard, le 8 novembre 2016, Donald Trump est élu. Il était temps ! À quatre jours près, il n'y aurait pas eu d'accord de Paris sur le climat. Cette course contre la montre avait donc du sens. Elle me confirme que l'action politique consiste à se fixer des objectifs qui paraissent impossibles, mais qui mobilisent les énergies.

Ce succès me vaut peu de reconnaissance chez les politiques ou dans les médias, pour lesquels l'accord de Paris est déjà loin derrière nous. Il est vrai que la ratification paraît un problème technique alors que c'est très politique. Mais un événement inattendu me fait un bien fou : les mots généreux et reconnaissants que m'adresse Hubert Reeves. En présentant à la presse l'Agence pour la biodiversité, il a ces mots : « La première fois que des gens, non contents de seulement déplorer, ont décidé de faire, c'était à la fin du xixᵉ siècle. 60 millions de bisons ont été tués et 50 000 baleines étaient massacrées tous les ans. John Muir, qui fonde le Sierra Club, est le grand héros de cette période. C'est le début des grands parcs nationaux comme Yellowstone. Puis il y a Rachel Carson, qui a réussi à faire interdire l'emploi du DDT aux États-Unis. Je crois qu'aujourd'hui madame Ségolène Royal se loge bien dans cette séquence de ceux qui ont pris les moyens pour arrêter le saccage de notre planète. Je crois que c'est un moment historique. Bravo, madame la ministre. Je crois que vous méritez d'être mise dans ce groupe, cet aréopage des gens qui ont vraiment agi sur le plan politique pour obtenir des réussites comme celle que nous avons aujourd'hui. Votre nom va rester comme celui de quelqu'un qui s'est très courageusement attaqué à ces questions. Il s'est passé un événement historique. C'est la ratification de la COP 21, qui pour la première fois a vu l'humanité se mettre d'accord sur un grand progrès. Ce grand progrès vous le connaissez : arrêter le réchauffement de la planète. Ça restera dans l'histoire. »

L'Afrique à l'avant-garde, partenaire incontournable de l'Europe

Notre porte, c'est l'Afrique. Ce n'est pas d'aujourd'hui que je le dis. Dans le discours fondateur du pacte présidentiel présenté à Villepinte en 2007, je plaidais déjà pour ce continent. Déjà je réclamais le droit d'accès pour l'Afrique aux énergies renouvelables et notamment au solaire. Où sont les incrédules qui trouvaient mes propositions fumeuses ?

L'Afrique est notre voisine. Elle est là, cette Afrique à laquelle m'attachent tant de liens. Elle est là, vivante, dynamique, mais accablée de maux et de tensions. Chaque Africain qui parvient à nous rejoindre en témoigne. Et il ne comprend pas que, après tous nos beaux discours, nous tournions la tête et nous barricadions. Il ne comprend pas, parce que l'avenir, qui appartient aujourd'hui aux Chinois et aux Indiens, encore oubliés, écartés, voici moins de vingt ans, appartiendra peut-être demain à son frère, à son fils, un Africain.

De quoi souffre l'Afrique ? D'une économie mondiale absolument débridée qui ne laisse aucune chance à des productions agricoles fragiles et incapables de rivaliser avec les politiques de pays bardés d'atouts financiers et technologiques. Un peu de bon sens, un peu de justice recommanderait que l'on remette de l'ordre sur les marchés, que des avantages soient laissés aux pays les plus pauvres, que des préférences – il faut le dire – soient accordées par l'Europe à l'Afrique, quitte pour celle-ci, en échange, à savoir orienter ses achats vers l'Europe. Organisons, d'Europe vers l'Afrique et de l'Afrique vers l'Europe, des relations favorisées et équitables.

Ce qui m'aura le plus passionnée pendant tout cette phase de négociation et de ratification de l'accord de Paris, c'est le rôle éminent que l'Afrique y aura joué.

Pour les pays africains, le changement climatique n'est pas une menace, c'est une dramatique réalité. C'est pourquoi les pays africains sont parmi les plus mobilisés, les plus créatifs, les plus engagés. C'est un continent que je connais, je l'ai parcouru, j'y suis née. À chaque voyage, dans chacun des pays, ce que j'y ai vu et entendu m'a remplie d'espoir, de gratitude, d'admiration. Mais m'a aussi fait réaliser le cruel constat d'extrême urgence.

La vérité, c'est que l'Afrique est le continent le moins coupable du réchauffement, alors qu'il en est la principale victime. Que le changement climatique soit un danger pour l'Afrique, je crois que tous les pays présents à la COP 21 en sont désormais persuadés. Mais que ce changement climatique, nulle part si virulent et si massif qu'en Afrique, soit un danger pour le reste du monde, il faut le rappeler avec force, car tous n'en sont pas conscients.

Une légende entendue dans un musée congolais enseigne que la douleur et les dommages passent nécessairement de celui qui les subit à celui qui les commet, même involontairement. La responsabilité et la justice s'affirment quand on réalise l'interdépendance des êtres. Toute action humaine a des conséquences sur son voisin, et finit par se retourner contre soi. Le réchauffement climatique est pour l'instant presque indolore en Occident. Mais, tôt ou tard, ce bouleversement et les crises qu'il enfante viendront à nos portes. Et alors, nous ne pourrons pas dire que nous ne comprenons pas, que nous n'avons rien vu venir. C'est en cela que l'accord de Paris sur le climat est une formidable prise de conscience du monde.

C'est par l'Afrique que le combat climatique sera victorieux ou pas. La planète a besoin du continent africain, de sa créativité, de son optimisme, nous avons besoin de sa jeunesse, de son énergie, nous avons besoin de son engagement, de son imagination. L'Afrique doit être entendue et pouvoir offrir les solutions qui sont les siennes.

Ce défi que nous devons relever est plus qu'un devoir, c'est une nouvelle chance. Une nouvelle chance pour l'Afrique et ses partenaires. Une nouvelle chance pour le développement durable. Une nouvelle chance pour donner aux entreprises qui croient dans les énergies renouvelables l'occasion de créer des activités et des emplois. Une chance aussi pour limiter les migrations climatiques, celles de la misère.

Espoir surtout parce que l'Afrique dispose d'un immense potentiel d'énergies renouvelables qui ne demandent qu'à être valorisées, que ce soit dans le solaire, l'éolien, la géothermie ou l'hydraulique. Partout, l'esprit d'entreprise et l'intelligence du futur ont déjà jeté les bases d'initiatives. Partout où je suis allée pour préparer puis appliquer la COP 21 et le rapport sur les énergies renouvelables en Afrique, cherchant des solutions concrètes, m'ont été faites des propositions, gestes d'espoir qui ne demandent qu'à être affermis par notre aide.

Et la préservation des forêts, son corollaire, doit également nous contraindre tous. Comment réduire nos émissions de carbone si l'on abat massivement les puits qui les emprisonnent ? À quoi sert-il de penser au développement durable si l'on continue de livrer à la cendre et à la fumée des pans entiers du continent, ouvrant la voie aux glissements de terrain et à la pollution des eaux et des sols ? Les Africains font beaucoup d'efforts, et il faut les soutenir plus que jamais.

Étrangement, j'ai découvert un point commun entre le chaud et le froid. L'Afrique et les pôles. Quel est le point commun ? C'est la relation de la nature des peuples qui habitent ces parties du monde. Des peuples autochtones de l'Arctique, si attachants, et qui ont su avec une grande intelligence s'adapter à des conditions climatiques extrêmes, on a dit qu'ils n'étaient pas entrés dans l'histoire car ils n'avaient pas d'écriture ! D'autres ont dit la même chose de l'Afrique ! Or les uns et les autres ont beaucoup à nous apprendre. Tout comme l'Afrique qui connaît des conditions climatiques extrêmes et où est né notre ancêtre, *Homo sapiens*, il y a près de 300 000 ans. Nous devons bâtir la justice climatique, condition de notre digne survie !

Les pôles, nouvelle frontière

Oui, les régions polaires et les peuples qu'elles abritent ont beaucoup à nous apprendre. Au contact des Inuits au Groenland et des Samis en Norvège, Finlande et Russie, je découvre une humanité qui a développé d'autres qualités que celles sur lesquelles nous avons construit notre civilisation. Nous avons cherché à dominer la nature ; ils se sont toujours employés à la comprendre. Nous l'avons aveuglément adaptée à nous ; ils se sont toujours adaptés à elle.

En matière environnementale notre civilisation peine à se dégager du pire. Elle gagnerait, en dialoguant avec les peuples des pôles, à se laisser enseigner le meilleur. Quitte à revenir sur ses certitudes et à retirer les œillères que les siècles ont imposées à son humanisme.

Mon travail sur les pôles me confirme chaque jour dans l'intuition fondamentale qui sous-tend cette vision de la sagesse : l'humanité et la nature ont en commun et en partage le mystère du vivant. Un mystère qu'elles ne peuvent élucider et apprivoiser qu'en bonne harmonie.

Une des premières missions que je me suis assignée comme ambassadrice pour les pôles, c'est de faire mieux connaître la richesse de la recherche française dans ce domaine. Nos quatre cents chercheurs effectuent un travail remarquable, presque mieux connu ailleurs dans le monde que dans leur propre pays. Dans la continuité de la grande aventure scientifique française menée par Paul-Émile Victor, Dumont d'Urville, Charcot, Jean Malaurie, Jean-Louis Étienne et d'autres, ils sont les explorateurs de notre temps. Je suis heureuse de faire connaître leur travail. C'est en partie grâce à eux que la France, en 2000, a intégré le Conseil de l'Arctique.

Or, le réchauffement est deux fois plus important là-bas que sur le reste de la planète. Comme dit Jean-Louis Étienne, la terre blanche devient verte. Et quand la glace fond, il y a un impact sur la biodiversité, sur les peuples autochtones, sur la montée des océans et sur le réchauffement climatique. Comme tous les océans communiquent, l'augmentation du niveau des eaux entraîne par exemple ici la disparition des îles des Caraïbes, et là l'extinction des manchots.

Les guerres, les migrations et les solutions climatiques

Tout ce qui porte atteinte à cette harmonie produit de l'insécurité. Un réchauffement qui se poursuit, c'est la guerre qui s'annonce. Le climat est une question majeure de stratégie et de sécurité nationale et internationale. Ce qui signifie que le combat pour le climat est un combat pour la paix. C'est ce que j'ai développé dans un rapport de l'ONU intitulé « Sécurité et Climat » et expliqué dans le « Manifeste pour une justice climatique ».

De nombreuses crises alimentaires et des conflits armés trouvent leur origine dans le chaos des crises climatiques. Des chercheurs ont analysé une soixantaine d'études portant sur 45 conflits intervenus sous toutes les latitudes depuis 1950. Ils ont établi qu'une élévation de la température d'un degré, jointe à un changement de la pluviométrie, est systématiquement corrélée à une augmentation des violences intranationales et des conflits armés.

La sécurité climatique dans un seul pays n'existe pas, car l'atmosphère ignore les frontières, et ce que font les uns a des conséquences pour tous les autres. Le dérèglement climatique impacte aussi la sécurité des biens et des personnes, provoque l'extension de maladies vectorielles, crée des déplacements massifs de population.

La menace vient aussi de la fréquence accrue et de l'intensification des événements météorologiques extrêmes : typhons, canicules, inondations menaçant les littoraux (où vit déjà un cinquième de la population mondiale et où sont implantées nombre de mégalopoles et d'infrastructures industrielles directement menacées par les ouragans et la montée des eaux). Ce sont également les sécheresses qui font reculer la surface des terres arables, abaissent les rendements agricoles et augmentent l'insécurité alimentaire et la pauvreté. Ces sécheresses attisent les conflits, opposent agriculteurs et éleveurs, réduisent le « coût d'opportunité » de l'engagement de populations rurales sans ressources dans les marchés de la violence (terrorisme, piraterie, narcotrafic).

Avec le réchauffement, nous faisons donc face à des risques accrus de conflits intra- et interétatiques pour la maîtrise de ressources qui se raréfient : contrôle de la terre, contrôle de l'eau souterraine et de surface pour la consommation mais aussi pour l'énergie hydraulique, car, dans les pays où le débit des fleuves baisse, les barrages ne peuvent plus jouer leur rôle. Sécuriser l'accès à l'eau est donc une dimension essentielle des conditions d'adaptation au changement climatique, de prévention des conflits entre les communautés locales et entre les États qui partagent un même bassin versant ou un même cours d'eau.

Au nombre des conséquences visibles des dérèglements environnementaux, il y a aussi l'exode croissant de tous ceux, qu'on les appelle réfugiés, déplacés climatiques ou migrants environnementaux, dont le nombre est déjà trois fois supérieur à celui des réfugiés de guerre et pourrait atteindre 200 millions avant la fin du siècle, suscitant de nouvelles tensions dans les zones de transit et de destination.

Laisser une trace par les idées

Au cours de ces années, ce qui m'a le plus surprise et réconfortée, c'est la permanence des idées et des concepts qui avaient été tant moqués par les « élites » mais compris du peuple français. Ce n'est pas animée d'une sorte de satisfaction que j'y reviens ici, mais parce que je les crois toujours d'actualité en les affirmant encore aujourd'hui et en les complétant en fonction des mutations récentes. Par exemple, l'ordre juste s'est renforcé dans son exigence par la dimension environnementale et planétaire, et au niveau national par la prise de parole des femmes.

L'ordre juste

En 2006, au cours de la campagne des primaires, un incident lié à la sécurité éclate en banlieue. Je me rends immédiatement sur place pour échanger avec les jeunes. La discussion est franche, libre, féconde. Elle révèle, chez tous ceux avec lesquels je parle, un égal besoin d'ordre et de justice. Cette attente, je la fais mienne et je la formule, en disant aux journalistes qui me suivent : « Maintenant, il faut de l'ordre juste dans la société. » À cet instant, je crois dire quelque chose de simple, de fort et d'universellement partagé. Pourtant, dans mon camp, cette déclaration fait l'objet d'une bombe.

Parce que je suis, ce jour-là, habillée sans fantaisie particulière, avec les cheveux attachés, on me reproche mon austérité : « Tu avais l'air d'une institutrice pète-sec. Qu'est-ce que tu es allée faire dans cette banlieue ? » Celui qui me jette au visage ce jugement méprisant ne semble pas porter les institutrices en haute estime. Je lui réponds que la comparaison m'honore, que je serai toujours très fière d'être comparée à une institutrice. Dans les médias, les commentaires vont bon train, et nombre de dignitaires du Parti socialiste ne se privent pas, sans prendre le temps de réfléchir, de m'assimiler à l'extrême droite !

Mais le pire est à venir : dans les jours qui suivent, au cours d'une réunion au parti socialiste, c'est un véritable déchaînement contre l'ordre juste et contre celle qui a eu l'outre-cuidance de l'évoquer. Les regards sont hostiles, les paroles cassantes. Personne ne rallie ma position, personne ne cherche même à la comprendre. Certains sont sincères. D'autres font mine de l'être tout en sentant confusément que j'ai raison. Tous sont bousculés.

Le concept d'ordre juste n'est pas improvisé. Il apparaît déjà en 1986, dans *La Vérité d'une femme*, où je me livre à un inventaire de tous les désordres et des injustices qui vont avec. Bien sûr, l'ordre sans la justice aboutit à l'autoritarisme, et même parfois au totalitarisme. Mais la justice sans ordre est condamnée à rester une fiction. Seul l'ordre juste, garanti pour tous et partagé par tous, instaure une sécurité durable. Cet ordre juste ne s'oppose pas au mouvement, bien au contraire. Dans la mesure où il est avant tout un équilibre, les sociétés qui l'atteignent le plus certainement sont celles qui vont de l'avant, qui progressent. Parce qu'il est débattu, discuté, piloté avec le souci d'un bénéfice mutuel et d'une répartition équitable des efforts, il ouvre la voie à l'acceptation des changements.

Parler d'ordre juste, c'est proposer un renversement de perspective politique au terme duquel la nouvelle règle n'est plus de diviser pour mieux régner, mais de rassembler pour mieux gouverner.

Aujourd'hui, le concept d'ordre juste est plus que jamais d'actualité. D'abord, parce que les désordres environnementaux, économiques et sociaux se sont amplifiés. Ensuite, parce que, pour les minorités en général et les femmes en particulier, l'ordre juste s'affirme, au travers d'une prise de parole libre et assumée, comme l'alliance des contraires. En lui s'équilibrent la responsabilité individuelle et la solidarité collective, la performance économique et la protection sociale, l'agilité des entreprises, mais aussi la sécurité des salariés, les droits des adultes et leurs devoirs envers leurs enfants, un État fort et une véritable décentralisation.

Je vois donc l'ordre juste comme un centre de gravité qui permet, dans le dialogue entre les contraires, de faire émerger la vérité de l'intérêt général. Il ne nie pas les conflits, il n'abolit pas les divergences, mais il les rend féconds, créateurs de progrès.

La démocratie participative

Cette idée de démocratie participative vient pour moi de très loin. Ce ne fut pas une invention de dernière minute, comme mes détracteurs l'ont dit.

Jeune chargée de mission à l'Élysée, j'étais souvent étonnée que les ministères en charge des sujets que je suivais pour François Mitterrand ne considèrent comme compétents que les spécialistes estampillés. Ces experts-là sont bien sûr très importants et je rencontre moi-même fréquemment, depuis des années, des chercheurs dont les travaux m'éclairent. Mais j'ai aussi beaucoup appris en écoutant les gens et en discutant avec eux. Je trouve très fécond de croiser l'expertise savante et l'expérience vécue, la réflexion des spécialistes et celle des citoyens.

À partir de 1988, lorsque j'ai été élue députée des Deux-Sèvres, j'ai pu commencer à mettre en pratique sur le terrain cette manière de faire. C'est notamment avec les habitants et les élus des petites communes maraîchines, aidés par des architectes et des professionnels très compétents, que nous avons construit tout le projet de sauvetage et de valorisation économique et culturelle du Marais.

Quand, ministre de l'Enseignement scolaire, j'ai voulu prendre à bras-le-corps la difficile question de la réforme du collège, j'ai d'abord confié à François Dubet et Marie Duru-Bellat, des chercheurs remarquables, le soin de recueillir pendant un an dans tous les collèges de France la parole des enseignants, des personnels, des principaux, des parents, bref, de tous ceux qui sont, dans les établissements, les acteurs de la vie scolaire. Nous avions même ouvert un site Internet, c'était très nouveau pour ceux qui pouvaient avoir envie de témoigner directement. Plus tard, j'ai annoncé un certain nombre de décisions répondant directement aux inquiétudes et aux difficultés exprimées au cours de cette phase d'écoute. C'est à partir de 2001-2002 que j'ai réfléchi en termes de « démocratie participative » mais, en réalité, les fondamentaux étaient déjà là. J'ai regardé de près l'expérience française des comités d'habitants et des conseils de quartier, les budgets participatifs des villes latino-américaines, les jurys de citoyens allemands et espagnols, les référendums d'initiative populaire italiens, les conférences de consensus scandinaves, les initiatives anglaises de démocratie directe.

En 2004, j'ai voulu que ma campagne pour les élections régionales soit participative. Nous avons organisé dans toute la région plus de quatre cents forums très locaux. Dès l'élection du nouvel exécutif de gauche, nous avons tenu la promesse faite aux électeurs et commencé à faire vivre la démocratie participative en Poitou-Charentes. Des jurys citoyens, tirés au sort, ont participé aux évaluations des politiques régionales.

J'évoque cette histoire et ce cheminement pour que vous compreniez d'où est venue ma volonté de mener, pour l'élection présidentielle de 2007, une campagne participative à la fois avec le site Désirs d'avenir, et sur le terrain avec ces milliers de forums petits et grands. Cela m'a été très précieux pour élaborer le pacte présidentiel. J'ai reçu cent trente-cinq mille contributions écrites et argumentées, dont les synthèses forment un passionnant document de près de sept cents pages, *Les Cahiers d'espérances*. De l'emploi et la vie chère à la politique étrangère et aux relations Nord-Sud, en passant par l'environnement, l'école, la recherche, la situation des femmes, je suis frappée par la pertinence des questions que se posent les Français et par leur capacité de relier leurs attentes à la recherche d'un intérêt général pour le pays.

Tout cela a été moqué et dénigré. Les jurys citoyens, exécutés. « Ségolène Royal, la petite mère des peuples » désignée comme irréaliste. Mais c'est aujourd'hui la démocratie participative qui fait cruellement défaut.

Le gagnant-gagnant et le « tout se tient »

L'ordre juste et la démocratie participative dessinent donc une société régie par le donnant-donnant et le gagnant-gagnant, sans tricheur ni prédateur. Considérée sous cet angle, la jeunesse n'est pas le problème, mais le début de la solution, et l'écologie n'est pas un frein mais un accélérateur pour l'économie. Malheureusement, aujourd'hui, une grande partie des élites est encore formatée pour appliquer en toutes choses le principe du gagnant-perdant et y avoir systématiquement recours dans le gouvernement des hommes.

C'est le cas pour la réforme des retraites, de l'assurance chômage, de la SNCF... Comme si le gouvernement, pour montrer qu'il est fort, devait susciter des oppositions et les vaincre. Comme si le mécontentement des syndicats était l'indicateur le plus certain du bien-fondé de la réforme. Je crois au contraire qu'un pays ne se réforme que dans le calme, et si ce n'est dans l'adhésion aux réformes, du moins dans leur acceptation. Je crois que la seule façon de construire une loi pérenne, c'est de la co-construire avec tous les parlementaires et les citoyens de bonne volonté.

La co-construction

Ce mot, par lequel j'ai vraiment voulu porter la transition énergétique, a été depuis maintes fois repris. Mais pas souvent appliqué. C'est un lent et patient apprentissage.

C'est ce que j'ai fait lors des débats sur la loi de transition énergétique ou sur la loi biodiversité, où je me souviens d'avoir réuni autour d'un texte commun les pro- et les anti-chasse. Je suis une écologiste convaincue, particulièrement sensible à la cause animale. Mais j'ai grandi dans un milieu rural, mon père était chasseur, et je n'ai jamais considéré la chasse comme une atteinte systématique et aveugle à l'environnement, ni à la dignité animale. Je suis élue d'un département rural où la chasse reste un loisir populaire. Je suis donc, au cours de ce débat, attentive aux arguments des uns et des autres… et pour faire entendre aux uns les arguments des autres. À l'Assemblée nationale, au Sénat, ça discute et ça se dispute, ça converse et ça controverse. Toujours, je défends ceux qui me semblent injustement pris à partie. Quand un écologiste écrase un chasseur de son mépris, je le défends : « Il est de tel village, il connaît très bien les oiseaux. » Quand un chasseur balaie les arguments d'un écologiste en criant que ce sont des « foutaises » je le défends aussi : « Ses arguments s'intègrent à la défense des terroirs et de la ruralité qui vous est chère ! » Et à la fin, le miracle se produit : écologistes et chasseurs votent le même texte de loi ! Les premiers viennent me voir en me disant : « Vous avez bien écouté et compris qui nous étions. Comment ça se fait que nous avons voté le même texte que les écolos ? » Quant aux seconds, ils me disent dans un sourire : « Tu as dû nous rouler quelque part, puisque nous avons voté le même texte que les chasseurs. » La co-construction fait la démonstration de l'ordre juste !

J'ai également remarqué que les gens s'approprient d'autant mieux une décision ou une idée qu'ils en sont éloignés au départ. Il y a là un levier extraordinaire pour faire advenir des progrès nouveaux. Si vous arrivez à identifier les bonnes idées, les bons concepts, et entraîner les uns et les autres, ce pays est capable du meilleur.

Il faut pour cela de l'intelligence émotionnelle, c'est-à-dire cette capacité à écouter et à comprendre les vérités profondes qu'expriment vos interlocuteurs. Cette intelligence émotionnelle, beaucoup de responsables politiques s'en méfient parce qu'ils y voient un risque d'affaiblissement. Comme si l'empathie dégradait l'autorité, alors qu'au contraire elle l'enracine ! Pour ma part, je crois que l'intelligence émotionnelle a sa place dans le processus de co-construction de la loi, et qu'en ce sens elle renforce le volontarisme politique et pérennise ses œuvres.

À Sivens, et plus largement lors de mes rencontres régulières avec des activistes dans le domaine de l'environnement, j'ai toujours reçu les manifestations un peu agressives comme autant de demandes d'écoute et d'invitations au dialogue. Je ne parle pas ici des braillards qui veulent préempter le débat, mais de tous ceux qui souffrent, qui s'inquiètent, qui revendiquent au nom d'une vérité dont ils sont comme habités. Et il n'est pas rare qu'alors naisse un authentique sentiment de fraternité.

La fraternité

Le 26 septembre 2008, en sortant de la magnifique fête de la Fraternité que nous avons organisée avec militants et sympathisants de Désirs d'avenir, je ne m'attends pas au nouveau déferlement de sarcasmes. D'un formidable rassemblement populaire de 5 000 personnes, les médias ne retiennent que quelques secondes, qu'ils passent en boucle : quand, à la fin de mon intervention, je fais scander à la foule le beau mot de fraternité : FRA-TER-NI-TÉ !

Ce moment n'a été ni prévu par des communicants ni calibré pour les médias. Il est le fruit d'un partage, d'un enthousiasme communicatifs, effectivement peu compréhensible pour qui n'était pas présent au Zénith.

Mes enfants, qui étaient tous là, sont les premiers étonnés par l'ouragan déclenché par cette fête, que les commentateurs dépeignent en rassemblement quasi-religieux et certainement sectaire. Une fois encore, on parle de « culte de la personnalité », de « dérive narcissique » alors que mon propos est de donner la parole aux sans-voix, de remettre les invisibles au cœur de la démocratie.

L'idée de cette fête est simple. Il s'agit de célébrer une valeur essentielle et trop souvent oubliée de la devise républicaine : une valeur qui nous apprend à compter avec les autres, à humaniser et à personnaliser la liberté. Comme pour la campagne de 2007, je me dis qu'il ne faut rien craindre et je décide de tout mettre en œuvre pour que ce beau mouvement fraternel prenne de l'ampleur.

Et une fois encore, le peuple dément les pronostics des jaloux : la salle est comble et les participants sont comblés. Dans la tradition festive des banquets républicains, nous célébrons ensemble les valeurs qui nous sont chères. Je suis vêtue comme pour une fête entre amis. Sur scène, je ne suis pas figée derrière mon pupitre, à lire sur un prompteur le discours que d'autres auraient écrit. Je marche, je dialogue avec le public, comme dans une sorte de stand-up politique. Et l'alchimie fonctionne. Le public est heureux, il y a dans l'air comme un parfum d'espérance.

Évidemment, pour beaucoup de commentateurs, ces écarts vis-à-vis de l'étiquette sont impardonnables. La fantaisie libre devient intolérable dès qu'une femme s'y risque. Ma tunique indienne devient celle d'un gourou.

Mon stand-up, une homélie. Et mon public, un club de fanatiques décérébrés. Il suffit pour s'en convaincre d'écouter cet extrait où on ne reconnaîtrait pas ma voix : FRA-TER-NI-TÉ !

Dix ans plus tard, porte de Versailles, c'est Emmanuel Macron qui se laisse emporter et dont la voix devient méconnaissable quand il crie : « Parce que c'est notre projet ! » Je suis une des seules à refuser de me moquer de cet emballement, en public comme en privé.

Et j'assume plus que jamais de fêter simplement, avec simplicité et chaleur, ce en quoi je crois. Quitte à prendre les coups de ceux qui méprisent les émotions populaires, comme de ceux qui veulent stopper une belle dynamique.

La bravitude

Au pied de la grande muraille de Chine, et face à la presse, je livre, comme chaque jour, une maxime tirée de la sagesse chinoise : « Qui monte sur la Grande Muraille conquiert la bravitude. » À l'instant où je prononce ce mot issu de l'ancien français et trouvé tel quel dans une traduction poétique du chinois, les médias s'en emparent et nous sommes partis pour plusieurs jours, si ce n'est plusieurs semaines, de moqueries.

Ce voyage en Chine, je me le laisse imposer par les cadres du Parti socialiste qui veulent me donner « une stature internationale ». Cette proposition, j'aurais dû la repousser. J'ai la légitimité de l'investiture et c'est comme s'il me manquait encore quelque chose. On me parle de François Mitterrand sur la muraille de Chine, et je commets l'erreur de ne pas me fier à mon intuition, qui me poussait à commencer tout de suite la tournée des régions françaises.

Mais cette tournée internationale se révélera passionnante, et bien loin des caricatures que mes adversaires en ont fait.

Le voyage en Chine commence pourtant mal : pour parler des difficultés des entreprises françaises face à la justice commerciale chinoise, j'emploie les mots de « justice rapide » (non pas pour louer la justice, mais, au contraire, pour mettre en garde contre son côté expéditif), expression qui m'est immédiatement reprochée par la cellule riposte de Nicolas Sarkozy. Aujourd'hui, je tweeterais une mise au point dans le quart d'heure. Mais nous sommes en 2007, et je laisse courir la polémique, en espérant qu'elle n'effacera pas ma rencontre avec Gao Xingjian, le prix Nobel chinois de littérature exilé à Paris.

Je décide alors de communiquer à la presse qui me suit une citation chinoise marquante par jour, et c'est ce qui me conduit à évoquer la bravitude. En France, on se récrie. Parce que je suis habillée en blanc, qui serait en Chine la couleur du deuil (comme si, en France, on ne pouvait pas s'habiller en noir, couleur du deuil). Mais surtout parce que j'ai commis l'incroyable, l'impensable : j'ai parlé de « bravitude » et non de « bravoure ».

Il y a ceux qui en profitent pour me décrire comme une abrutie, une sorte de candidate de téléréalité qui ne sait pas ce qu'elle dit ; ceux qui voient là une pathologie mentale ; ceux, enfin, qui haussent les épaules en disant qu'à l'évidence je n'ai pas la carrure. Les seuls à me défendre sont Jean-Pierre Chevènement, qui fait le parallèle avec l'invention du mot « négritude » par Aimé Cesaire, et Jack Lang, qui déclare qu'il aurait bien aimé être celui qui invente ce mot ! Merci à ces deux braves !

Cela me permet ici de leurs témoigner toute ma gratitude, car ils ont été les rares hommes parmi les dirigeants du PS à s'engager pleinement et à me respecter totalement. Ils ont été présent dans la durée et Jean-Pierre Chevènement a toujours été disponible, travaillant avec assiduité dans un modeste bureau, recevant à longueur de journée tous ceux qui voulaient nous voir avec sa hauteur de vue, son panache et son sens de l'État.

Personne d'autre dans mon camp ne me défend, et je fais l'erreur de laisser passer, de ne pas assumer totalement le choix de ce mot. Ce qui permettra aux caricaturistes et aux humoristes de s'en donner à cœur joie pendant des années.

J'assume totalement l'emploi du mot « bravitude », et mieux : je l'apprécie et je le revendique. D'ailleurs, quand des jeunes m'en parlent aujourd'hui, et c'est systématique avant les conférences dans les universités, c'est avec beaucoup de gentillesse, pour ma liberté de ton. Ils y voient un refus des conventions, qu'ils apprécient particulièrement en politique.

La bravoure est définie dans le *Littré* comme « courage à la guerre ». Plutôt une valeur masculine, donc ! La bravitude, je la définirais comme « courage pour la paix ». Plutôt une valeur féminine, donc. Et bien sûr, Désirs d'avenir. Cette belle idée qui a fédéré, enthousiasmé, entraîné celles et ceux qui se sentent si loin de la politique est toujours vivante et s'est déployée pour devenir une ONG, Désirs d'avenir pour la planète.

PORTRAITS

NICOLAS SARKOZY :

Quel souvenir avez-vous de Nicolas Sarkozy en dehors de la campagne ?

Ah ! Ce fut un entretien surréaliste ! Sous prétexte de consulter les leaders politiques sur l'Europe, il m'avait convié le 21 juin 2007 à le rencontrer dans son bureau. Je portais un tailleur orange corail et des chaussures beige clair qui reprenaient la couleur du liseré du tailleur, je ne sais pas pourquoi je me souviens de ce détail. Sans doute parce que de nombreuses photos seront publiées de mon entrée, montant les escaliers du perron de l'Élysée. J'avais soigneusement préparé cet entretien supposé consacré à l'Europe, avec conscience professionnelle, pour être le plus utile possible à cette cause qui me tient à cœur. Et j'avais cru à sa proposition, donc je me plaçais au-delà des clivages politiques.

Je trouve un Sarkozy guilleret. La fenêtre est ouverte sur le parc. Je n'avais pas revu le bureau depuis le mandat de François Mitterrand.

« Alors, ça vous fait quoi ? me dit-il. Vous auriez pu être à ma place, hein ? Je voulais voir quelle tête vous feriez en venant dans ce bureau qui aurait pu être le vôtre. »

Le pire, c'est que je ne m'étonne même pas. Il ne le dit pas méchamment. Il est sincère. Il veut voir ma tête et comment je me comporte dans ce bureau. Je regarde au loin dans le parc. Il m'invite à m'asseoir dans la partie salon.

« Vous avez vu ma montre ? » Je n'y connais rien aux montres. La polémique sur la Rolex, les cinquante ans et la réussite n'a pas encore eu lieu. Je jette un regard sur son poignet, qu'il découvre en tirant sur sa manche. Je ne comprends pas où il veut en venir. Lui non plus, sans doute.

Puis il saisit une boîte de chocolats. « Allez, prenez un chocolat. » Je décline la proposition. Il insiste. En mange un et me tend la boîte à nouveau. Je refuse encore, instinctivement. Comme si je ne voulais pas m'éloigner de ce que pour quoi j'étais venue : un avis sur l'Europe.

« Vous voulez mon avis sur les échéances européennes ? » J'ai rédigé une note, soigneuse et soignée, que j'ai la faiblesse de penser brillante et créative. Il m'écoute. Intrigué. Puis, poli, il prend la note et je prends congé.

JACQUES CHIRAC :

Je garde de lui un bon souvenir. La grande classe. J'étais ministre de la Famille dans le gouvernement de cohabitation.

Je reçois un appel de l'Élysée. « Le président voudrait que vous soyez là pour la remise des médailles de la Famille. Il paraît que vous vous en occupiez pour François Mitterrand quand vous étiez conseillère auprès de lui. – Oui, oui, pas de problème, je serai là. – Vous pourriez préparer quelques éléments pour son discours ? – Oui, oui, pas de problème, je vous fais passer cela. »

Et Jacques Chirac a été délicieux. Il m'a accueillie et m'a raccompagnée sur le perron de l'Élysée, ce qui, protocolairement, n'était pas prévu. Il m'a fait venir à côté de lui lors de la remise des médailles et m'en a fait remettre quelques-unes à sa place. J'étais vraiment touchée par ces égards que je n'avais pas connus dans mon propre camp. Une jolie photo me reste de cet épisode. Dommage qu'il ne m'ait pas soutenue en 2007. Cela lui aurait évité de passer la main à celui qui l'avait trahi.

En écrivant ces lignes sur Jacques Chirac, me revient à l'esprit, par contraste, la goujaterie de l'actuelle équipe de l'Élysée.

C'était à l'occasion de ce qu'Emmanuel Macron a appelé avec talent le « One Planet Summit », organisé le jour de l'anniversaire de la COP 21. Une bonne idée et une initiative bienvenue. Mais, tout occupé à éradiquer l'ancien monde, y compris celles et ceux qui, par le succès de la COP 21, lui permettaient de continuer sur cette lancée, il ne prit pas la peine, contre tous les usages républicains, et à la stupéfaction des chefs d'État présents, dont plusieurs me l'ont dit, de citer ni son prédécesseur, ni les deux présidents de la COP 21. Je venais pourtant de lui sauver, grâce à un lourd travail, l'Alliance solaire internationale et le sommet de Delhi qui allait avec. Quelle erreur de croire qu'en éliminant des personnalités repérées cela va servir. Tout se voit. À 23 heures, la veille du sommet, je reçois un appel du conseiller diplomatique de l'Élysée pour annuler ma présence au déjeuner officiel du lendemain, pour lequel j'avais pourtant reçu une invitation officielle du protocole. Ni Chirac ni même Sarkozy ne se seraient livrés à une telle mesquinerie.

FRANÇOIS MITTERRAND :

J'ai écrit dans mon livre sur le courage un portrait de François Mitterrand. Je voudrais juste ici relater deux moments forts.

Le premier concerne l'abandon de la réforme de l'École privée. Les manifestations énormes avaient surpris le gouvernement. Mais le ministre de l'Éducation nationale de l'époque, Alain Savary, au nom de la laïcité, avait fait du retrait du financement de l'École privée un marqueur fort du nouveau septennat.

J'étais alors chargée de mission sur certains sujets de société liés à la jeunesse et à l'éducation. Je me suis donc retrouvée propulsée au déjeuner rassemblant, autour de François Mitterrand, Pierre Mauroy et Alain Savary. Ils tiennent tous deux à leur réforme et ne veulent pas de recul.

Je perçois alors, dans sa manière de dire les choses, que l'avis de François Mitterand est déjà tranché. On ne faisait pas attention à moi autour de la table. J'étais une modeste petite main, rédigeant des notes et coordonnant les informations. Mais j'observais avec une extrême concentration tout ce qui se passait au cœur de l'État que je découvrais. François Mitterrand avait été élevé dans une institution religieuse. Agnostique, se disait-il. Mais pas radical laïque. Il avait laissé faire cette loi, mais les immenses manifestations qu'elle avait déclenchées le contrariaient.

Il dit ceci : « Vous avez vu ? Il faut réconcilier. » En face de lui, les ministres ne comprennent pas tout de suite, trop occupés à leur argumentaire et trop engagés pour imaginer renoncer.

Je compris aux quelques mots de François Mitterand que la messe était dite, si je puis dire. Cela ne m'a pas vraiment surprise.

J'avais des points communs avec François Mitterand. La rumeur s'était à un moment répandue, dans le Poitou, que j'étais sa fille ! Il s'en est amusé, et un jour, lors d'une visite dans le marais poitevin pour lancer les grands travaux de réhabilitation que j'avais imaginés pour ce « monument de la nature », il avait souligné nos points communs : enfance rurale, famille nombreuse, éducation religieuse un peu austère.

Il résumait ainsi la politique : « La droite a peu d'idées mais les idées de ses intérêts. La gauche a été souvent aveuglée par ses certitudes. Elle s'érige comme le camp du bien. En fait, un moralisme en remplace un autre et chacun est sommé de faire son choix. » Une leçon que j'ai retenue.

Un autre souvenir très fort m'est revenu récemment en mémoire, en regardant un reportage « Un jour, un destin » sur Robert Badinter et sa réaction ce jour-là. C'est le 17 juillet 1992, François Mitterrand quitte l'Elysée en voiture commémorer la rafle du Vel' d'Hiv'. Je l'accompagne à la demande du secrétaire général de l'Élysée, qui au dernier moment est retenu par une urgence, car le hasard fait que nous étions en réunion. En approchant, des clameurs de la manifestation réclamant la reconnaissance de la responsabilité de l'État raisonnent de plus en plus fort. Me surprenant moi-même par cette audace, je m'entends dire : « Monsieur le Président, écoutez-les ! » Il reste silencieux. Je prends mon courage à deux mains – ce n'était pas facile –, je retente ma question : « Pourquoi ne lâchez-vous pas ? Il y la responsabilité de l'État, quand même. La police française y a participé. Pourquoi ne voulez-vous pas reconnaître la responsabilité de l'État dans cette épouvantable tragédie ? » Nous sommes tous deux côte à côte à l'arrière de la voiture, son regard ne quitte pas la route. Après un court silence, il me répond : « Mais non, ce n'est pas possible. Ce n'est pas l'État français qui est responsable. Ce sont les dirigeants qui, à cette époque-là, avaient la responsabilité de l'État français, mais ce n'est pas l'État français comme entité. » J'insiste à voix plus basse : « ça n'est pas compréhensible. » Il me répète alors calmement comme une explication, sans aucune nuance d'impatience, cette phrase mystérieuse, qui traduit évidemment ce qu'il ressent : « Ce n'est pas possible. »

Et pourtant ça l'était. Puisque Jacques Chirac ouvrira sa présidence en reconnaissant la responsabilité de l'Etat dans la rafle du Vel' d'Hiv'.

IV

Et encore quelques réponses
aux questions que vous m'avez
souvent posées, et quelques secrets
de sagesse et de résilience...

Vous m'avez, au cours de ces années, posé beaucoup de questions sur un itinéraire qui, je le comprends, intrigue. Candidate à l'élection présidentielle, quatre enfants, etc. Comment fait-on ? Comment se remet-on debout lorsque les épreuves vous font, littéralement, tomber ?

Je voudrais faire ici l'effort d'y répondre, sans amertume ni esprit de revanche : juste les faits. Parce qu'ils font aussi partie de l'histoire en général, et de l'histoire d'une femme en politique. Nombreux ont été celles et ceux qui, sans savoir, ont glosé ou critiqué. Voici donc ma part de vérité sur des questions que l'on m'a maintes fois adressées et auxquelles je ne voulais pas répondre tant que les acteurs étaient aux responsabilités.

**On a dit, à un moment,
que vous aviez été candidate
à la présidentielle en riposte
à une trahison privée. C'est vrai ?**

Ah oui, j'avais oublié celle-ci, parmi toutes les bêtises qui ont été dites ou écrites sur moi. Cette trahison, contrairement à la rumeur qui en fait le motif de ma candidature en 2007, je ne la découvre qu'après bon nombre de journalistes. Comme dans toutes ces histoires de double vie, la personne trahie est la dernière informée, avec la part de déni que l'on croit protecteur. Quand elle l'apprend, le souci c'est de ne pas savoir qui est au courant et qui ne l'est pas. Donc vous ne pouvez pas, malgré la détresse, demander d'aide pour y voir clair. Mais vous voyez assez vite la comédie des lâches et la tristesse des vrais amis. Mais c'est un autre livre à écrire...

Ce qui est certain, c'est que jamais mes choix politiques ne m'ont été dictés par des considérations personnelles. Je trouve d'ailleurs la thèse d'une vengeance politique à la blessure personnelle à la fois ridicule et misogyne. Je passe sur le ridicule qui supposerait que chaque personne trahie se lance dans la présidentielle. Mais surtout misogyne : car c'est oublier que, cinq ans plus tôt déjà, j'avais envisagé cette candidature. En réalité, dès 1981 et la campagne de François Mitterrand, j'y ai pensé. Non pas comme une ambition ou comme un plan, mais comme une impression fugace.

Je suis donc particulièrement meurtrie de passer pour une empêcheuse de gagner en rond, pour une fauteuse de troubles ou de scandale – moi qui n'ai jamais élevé la voix ni fait la moindre scène. Moi qui ai si souvent, à tort, misé sur le non-dit pour me protéger des problèmes que je n'arrivais pas à résoudre. Moi qui ai tant enduré parce que j'estimais que mes enfants supportaient déjà assez des contraintes liées à notre vie politique exposée, et qu'il était inconcevable de leur infliger en plus l'épreuve d'une séparation parentale. Moi qui espérais tous les jours que ce n'était qu'un égarement passager et que la famille se ressouderait.

Je voulais protéger mes enfants des secousses. Et au fond, en les protégeant, ils m'ont protégée de moi-même : contre la colère, contre la méchanceté, contre la vengeance et bien d'autres réactions légitimes et libératoires auxquelles je ne me suis jamais laissée aller. Ils m'ont sans le savoir imposé le calme et la dignité, face à la souffrance encaissée sans broncher, la férocité de la bigamie qui tétanise et qui laisse sans réflexe.

C'est toujours délicat de savoir où se situe le juste équilibre entre la fierté que me donne le fait de parler de mes enfants et d'être vue avec eux et le besoin de respecter leur intimité et leur vie privée. Ils tiennent beaucoup à se protéger. Leur premier instinct, c'est la discrétion. Si je les évoque, c'est que le mien est la reconnaissance. Ils ont chacun leur personnalité, mais tous et toutes ont un point commun : la simplicité et l'ouverture aux autres. Et l'honnêteté. Ils ont grandi vite, et j'étais très occupée, mais je dois avouer, en faisant une petite entorse à la modestie, que j'ai le sentiment du devoir maternel accompli. Je suis heureuse, chaque fois que j'y pense, d'avoir aimé et éduqué mes enfants comme je l'ai fait. Et surtout je n'ai jamais fait de conflits avec leur père, ni abîmé sa réputation, pour leur épargner des tensions et des conflits de loyauté. Et, finalement, c'est le plus essentiel.

Je prie pour que la vie ne me fasse pas connaître la disparition de l'un de mes enfants. Quand j'entre dans une église, me rappelant l'éducation religieuse de ma propre enfance, je demande à Dieu de les protéger.

Avez-vous fait des erreurs en 2007 ?

Oui, j'ai trop pensé que le combat politique se gagnait avant tout par les idées, les propositions, par le travail de terrain au plus près des électeurs. J'ai sous-estimé la « cuisine » politique, la technique de l'accès au pouvoir. Les palabres sans fin en marge de réunions nocturnes, au téléphone, pendant des heures, pour négocier et sceller des accords ; le jeu destiné à tirer le plus grand bénéfice de la carte électorale ; la distribution, bien avant la victoire, de ministères, de postes en tous genres afin de s'assurer le soutien du plus grand nombre... Tout cela requiert un temps, une énergie que je n'avais pas, ou plutôt que je n'ai jamais voulu consacrer à cela, préférant les consacrer à ma famille. À un moment de la campagne, je sens ce manque de technique, cette absence d'esprit manœuvrier et je me tourne vers le Premier secrétaire et lui dis : « Mais compose le gouvernement, fais-le, discute. Mon sujet, c'est de faire gagner la gauche. Faire gagner les idées auxquelles je crois ! » Mais je ne l'ai pas fait assez fermement, j'aurais pu dire : « Toi, tu feras ça, toi ceci, toi, tu auras ça... » Bref, distribuer les postes, quitte à promettre le même à plusieurs personnes, comme Nicolas Sarkozy l'a fait, y compris à des personnalités de mon camp qui se sont empressées de le rallier à grand bruit et ont été nommées ministres après sa victoire ! Il paraît que cela s'appelle une prise de guerre.

J'ai conscience d'avoir été parfois dans le déni. Les gens que j'ai aimés, choisis, je ne veux pas croire qu'ils puissent me trahir. Et quand cela arrive, je me dis que le silence peut effacer la trahison et réinstaller la confiance. Mais j'ai compris au fil des années que c'est la parole, qui donne une chance à l'avenir. Et c'est dans cet esprit que je la prends.

Comment avez-vous vécu la défaite ?

Une défaite politique, c'est une épreuve dont on ne se relève pas par le déni, justement. Ni en l'imputant exclusivement aux autres. Je crois pouvoir, d'expérience, mesurer le choc d'une cause perdue. Mais jamais il ne m'est venu à l'esprit, face à un échec, d'y voir un égarement des électeurs.

J'ai puisé dans la comparaison avec des épreuves infiniment plus violentes des raisons de me remettre d'aplomb. Et de persévérer. Le courage de vouloir la vérité et de prendre des risques pour briser les lois du silence ou les connivences coupables. Le courage de s'exposer, au mépris du confort. Le courage de vaincre la peur.

Pourquoi, en 2007, vous paraissez comme heureuse d'avoir gagné lors de la défaite ? Des dirigeants du PS lâchent quelque chose du genre : « Mais dites-lui qu'elle a perdu ! »

Oui, c'est vrai que cette séquence est étonnante. Je dis même cette phrase : « Je vous conduirai vers d'autres victoires... » Sans le son des commentaires, c'est comme si j'avais gagné. Les télévisions du monde entier n'ont pas compris et se demandaient si j'avais gagné.

La première explication, c'est peut-être que je mesure alors la force de ce qui s'est passé, le moment historique, le fait d'être la première femme de l'histoire de France qui ait accédé au second tour de l'élection présidentielle.

Je pense que j'ai voulu rester positive pour ne pas augmenter la tristesse de ceux qui pleuraient ma défaite. Encore aujourd'hui, quand je croise des personnes qui me disent avoir voté pour moi et pleuré ma défaite, cela me touche, tant de temps après ! Et c'est assez fréquent. Y compris hors des frontières.

Avant cette déclaration, il faut comprendre que je viens de traverser à pied le boulevard Saint-Germain, entre le siège du PS et la maison de l'Amérique latine, noir de monde. Une bousculade indescriptible. Je découvre une foule immense, stupéfaite, bouleversée, habitée par l'énergie et la fierté de la campagne ; le service d'ordre est sous pression ; la foule s'exclame, pleure, rit, cherche à me serrer la main, me tend des fleurs, me remercie. Beaucoup venus fêter la victoire vont dans quelques minutes pleurer la défaite, dont je viens juste d'être informée avant 20 heures. Cette foule me donne l'énergie pour tenir bon. Un profond sentiment de gratitude me saisit. Je veux leur dire mon affection, leur remonter le moral, les consoler, leur parler au-delà de la salle confinée où a été dressé un pupitre.

Le siège du PS n'est pas loin, mes amis ont l'idée de monter sur le toit afin de m'adresser à la foule. Nous passons de force et demandons un micro et une sono. Introuvables bien sûr.

Je me contenterai donc, debout sur le toit, cette image fit le tour du monde, de saluer la foule qui chante et qui hésite entre les tristes sourires et les larmes. Les éléphants du PS ne peuvent pas comprendre, certains, je le sais, vont laisser filtrer entre leur dents un « Elle est folle. » Je suis comme une mère qui console d'un malheur et qui montre un visage de réconfort. En vrai, ce qui s'est passé, c'est que cet amour populaire me paraît beaucoup plus important que ma défaite à ce moment-là. J'aurai le temps de faire mon deuil, en face-à-face avec moi-même, dans les jours qui suivront. Après avoir donné ces quelques instants gracieux à tous ceux qui m'ont inspirée, portée, soutenue, espérée.

Vous avez mis longtemps à faire ce deuil ?

Pas longtemps, en vérité. J'ai appris à être vite dans le temps d'après. En fait, je me suis tout de suite remise au service des candidats aux législatives. Parfois je me dis que je n'aurais pas dû. La direction du PS, qui avait joué ma défaite, ne le méritait pas. Mais je le fais pour les militants, qui, eux, ont porté cette campagne, et pour les candidats de la base. Je le fais uniquement pour eux. Dans la froideur du Zénith monte une clameur émue et chaleureuse : merci Ségolène ! merci Ségolène ! Un simple mot qu'aucun des éléphants du PS n'aura prononcé. Et qui me fait du bien.

Vos difficultés de couple ont été racontées par d'autres que vous. Pourquoi n'avez-vous rien dit ?

La loi du silence s'est imposée à moi pendant la campagne présidentielle de 2006-2007, où j'ai subi la violence de l'adultère, comme si je méritais une punition pour avoir transgressé. Si je peux aujourd'hui en parler après des années d'extrême pudeur, c'est précisément parce que cette situation a été mise sur la place publique et racontée par d'autres que moi. Et je sais que beaucoup de femmes dans cette situation s'imposent le silence. Conduire une campagne de cette importance dans cette situation en espérant chaque jour que cela cesserait, ce fut une épreuve tellement rude. Et pourtant la loi du silence n'est jamais une solution. Et il est évident, avec le recul, que j'aurais dû mettre fin à cette situation dès le début de la campagne, et me séparer. Tout aurait été plus clair, j'aurais été plus affranchie et plus libre, mes équipes et amis plus sereins. Mais le mécanisme du silence l'a emporté, certes d'abord pour protéger mes enfants, mais, je l'avoue, aussi par crainte qu'une séparation ne déclenche des agressions verbales qui m'auraient transformée en coupable sommée de donner des explications. Les éléphants du PS, qui déjà ne ménageaient pas leurs coups de trompe, s'en seraient donné à cœur joie. Il aurait fallu que mon entourage m'aide à prendre cette décision indispensable, mais leur pudeur les a retenus. Ils voyaient ma souffrance et se sentaient démunis. Puis il fallait entraîner les équipes, repartir au combat, répondre au merveilleux élan populaire qui débordait des salles, veiller sur mes enfants, et donc j'ai avancé coûte que coûte. J'étais comme un général en chef qui doit remonter sur son cheval malgré la blessure qui saigne à son flanc et qu'il dissimule derrière son armure.

Imagine-t-on un instant un homme candidat à l'élection présidentielle supportant au vu et au su de tous d'être ainsi traité par sa femme, cheffe du parti censé le soutenir ? Impensable, ses proches y auraient mis bon ordre. Mais quant à moi, serait revenue l'éternelle question culpabilisante, que mes adversaires et plus encore les machos du PS n'auraient pas manqué de poser publiquement et que seules les femmes subissent : qu'a-t-elle fait pour mériter ça ?

Beaucoup ont comparé à l'époque ma situation avec celle de Nicolas Sarkozy, mais force est de constater que le traitement de notre vie privée a été très différent. Il a eu la chance, si je puis dire, de pouvoir s'exprimer et parler publiquement de sa séparation, et ainsi de s'humaniser. À aucun moment il n'a craint d'être transformé en coupable. Et cela parce que ni les hommes, ni surtout les femmes, n'incriminent un homme qui a des difficultés dans sa vie privée en mettant en cause son caractère, son comportement, etc. J'ai mis beaucoup de temps à soigner mes blessures, à m'émanciper de ce fardeau et à me tourner vers un autre futur. C'est pourquoi j'ai décliné la proposition de reprendre la vie commune. Garder des relations cordiales pour le bien-être de nos enfants me paraît être l'essentiel. Et j'ai tout fait pour réussir à sauvegarder cet essentiel.

Mais pourquoi annoncez-vous votre séparation le soir du résultat des élections législatives ?

Quelle secousse ! J'en suis la première surprise. Je n'ai bien évidemment rien annoncé de tel ce soir-là. Mais deux journalistes de l'AFP s'apprêtaient à faire paraître un livre pour lequel ils m'avaient posé quelques questions auxquelles j'avais bien voulu répondre, et notamment ils m'avaient demandé si j'étais encore en couple. J'avais dit non. C'est tout. Et dans un curieux mélange des genres et des temps, l'AFP sort une dépêche titrant : « Ségolène Royal annonce sa séparation ». Le soir des résultats, le livre n'est pas encore sorti. Mais ses auteurs vont lui faire de la publicité en livrant en avant-première ma seule phrase, somme toute banale, et pleine de retenue.

Je prenais un triple coup : mon échec électoral, une annonce incongrue, et la honte que l'on puisse imaginer que j'avais à ce point perdu les pédales pour mélanger les rôles et mettre mon statut de femme avant celui de responsable politique. Tout le contraire de ma vie et de l'idée que je me fais de la responsabilité. Je voyais à l'écran ces messieurs prenant des airs consternés, genre « On vous l'avait bien dit. Elle n'est pas fiable. »

Votre fils Thomas,
comment s'est-il engagé ?

De lui-même. Il a tenu bon. Il avait 23 ans à l'époque. J'ai essayé de ne pas l'exposer. Mais sa présence, avec cette bande de jeunes autour de lui, m'a tellement aidée ! Quand je croisais son regard dans les meetings, j'étais joyeuse et touchée. Jamais je ne lui demandais s'il serait présent. Je voulais qu'il puisse décrocher à tout moment. En liberté. Avec la bonne distance que nous avons trouvée d'instinct. Il anime l'équipe qui invente la première campagne relayée sur Internet, la ségosphère, avec une modernité et une simplicité – « demain ne se fera pas sans toi », « impose-toi dans le débat » – telles que – et c'est vrai – un conseiller de Barack Obama viendra avant sa campagne rencontrer les techniciens d'Internet. Il s'est battu durant toute la campagne. Je me souviens de la défaite. Il est là. Triste. Il y a cru jusqu'au bout. Tout comme j'ai pu compter sur la solidarité affectueuse de sa sœur Clémence et de son frère

Julien, même s'ils n'étaient pas présents dans les déplacements, puisqu'ils étaient encore scolarisés. Pourtant, ce n'était pas facile tous les jours, et je leur en suis tellement reconnaissante et admirative pour leur patience. La plus jeune, Flora, plus anxieuse, c'est normal, s'est repliée, mais elle s'est rattrapée depuis en s'engageant plus tard. Merci aussi à Aurèle, qui assura la continuité de l'attention maternelle.

Dans cette campagne, je voyais mon fils devenir adulte. Et j'en ai ressenti une grande fierté. Depuis cette première image de Thomas me conduisant sur son scooter à la gare, émouvante de modernité et de simplicité, jusqu'au dénouement, tout s'est passé en légèreté et en douceur. En échanges implicites. Sauf une fois, et quelle fois ! Il s'agissait du choix du lieu pour le plus important meeting de la campagne. Une fois de plus, certains au PS cherchaient le minimum et ratiocinaient sur la taille. Thomas et ses amis ont flairé le danger. Il est entré en trombe dans mon bureau. « Les équipes sont déçues, me dit-il. On a proposé le stade Charléty mais l'orga résiste. » J'imposerai Charléty quand même. Grâce à lui. Personne d'autre ne m'a alertée à ce moment-là. Fantastique meeting, jamais renouvelé dans les campagnes qui ont suivi.

De 30 000 à 50 000 personnes de toutes générations. À l'extérieur, des dizaines de milliers de personnes, dans une situation dangereuse en cas de bousculade. Heureusement, aucun drame n'a lieu, sauf une dizaine de fractures. La foule dès lors se presse sur la pelouse et je déguste enfin pleinement ce temps de bonheur partagé avec tous les artistes présents auxquels j'adresse mes pensées reconnaissantes : Yannick Noah, Renaud, Jacques Higelin, Cali, Grand Corps Malade, Bénabar, Michel Delpech, Les Têtes Raides, Disiz La Peste, Sapho et tous les autres.

**Pendant la primaire de 2012,
on vous a sentie déchirée.
Comment est-ce possible d'envisager
que ses enfants en âge de voter
aient à choisir entre leur père et leur mère ?
Comment avez-vous géré ce problème ?**

J'avais mal. D'autant que je sentais que cette primaire n'était pas mon momentum. Je les ai interrogés. Comme toujours, avec pudeur et respect, ils m'ont dit de faire comme je le sentais. Alors je me suis dit qu'il fallait tenir, comme l'aurait fait un homme. Je m'explique.

Un homme politique qui aurait été finaliste de l'élection présidentielle aurait été respecté, on lui aurait confié la direction du parti, dans la perspective d'une nouvelle candidature.

Oui c'est cela : je me suis dit que je devais résister à cette tentative d'élimination en tant que femme. Puisque ma candidature de 2007 était présentée comme un accident de l'histoire, il ne fallait pas conforter cette thèse en me laissant éliminer. Rester dans le paysage politique, au prix du long chemin de croix que fut cette campagne des primaires, sur le plan politique comme sur le plan personnel.

Les résultats furent mauvais comme prévus. Plus mauvais que prévu même. Mes amis m'entouraient, et surtout mes quatre enfants. Une caméra a surpris mes larmes ce soir-là, tandis que je m'engouffrais dans une voiture.

Malgré tout, je soutiens François Hollande et lui permets de l'emporter face à Martine Aubry.

S'ensuivront des mois de calvaire : la campagne présidentielle, où je suis tenue en marge, et où je subis sans broncher des épisodes humiliants, la séquence de l'investiture, celle de la composition du gouvernement, puis l'humiliation lors des législatives à La Rochelle. Et ensuite, la traversée du désert.

**Comment les deux finalistes
de la primaire de 2012
se sont-ils comportés avec vous ?
Comment et pourquoi avez-vous fait
le choix de l'un plutôt que de l'autre ?**

Entre les deux tours de la primaire, le 10 octobre, Martine Aubry me rend visite à mon bureau rue du Départ, près de la tour Montparnasse. Je la regarde attentivement. Elle est enjouée, positive, et me confie que sa mère a pleuré en me regardant prendre acte de ma défaite en 2007. Avec sa franchise habituelle, elle vient me demander mon soutien. Elle attaque, directe, sur son concurrent : « Je sais, Ségolène, ton état d'esprit n'est pas à régler des comptes, mais quand même : si tu avais raconté tout ce qu'il t'a fait subir, ses trahisons privées et ses trahisons politiques, il n'aurait jamais pu être candidat. Souviens-toi la phrase de Montebourg, qui était exacte comme chacun le sait : "Le principal problème de Ségolène, c'est François." Il a même voté pour moi, donc contre toi, au Congrès de Reims. Tu ne vas quand même pas le soutenir après tout ça ? Et puis si tu le soutiens, tu verras ce qui va t'arriver : ils vont t'éliminer. Alors qu'avec moi, tu seras en première ligne. » Un silence se fait. Nous savons toutes les deux qu'elle dit vrai. La solution de tranquillité et de sérénité, pour moi, c'est évidemment de soutenir Martine, puisque dans la nouvelle configuration conjugale de François Hollande, je serai priée d'organiser mon invisibilité. Elle se lève. Avant de partir : « C'est ta prise de position et ton choix, Ségolène, qui vont faire la bascule. C'est toi qui va décider qui sera le gagnant de la présidentielle. Car la dynamique de ton ralliement va bien au-delà du pourcentage de tes voix. »

Je suis tendue à ce moment, et elle aussi. Je n'ai pas fait l'effort de contourner mon bureau pour venir m'asseoir à ses côtés, comme on est censé faire en signe de cordialité.

En fait, je n'y ai pas pensé car je me concentre. C'est de l'avenir de la France qu'il s'agit. Martine est, comme moi, une femme d'État, capable de faire abstraction de tout lorsque l'intérêt supérieur du pays est en jeu.

Alors ? Vous avez décidé quand et comment ?

Je pensais qu'elle allait faire valoir un argument : la solidarité entre femmes pour permettre l'accession d'une femme aux responsabilités. J'aurais bien aimé qu'elle me dise cela, même si c'était difficile pour elle. Elle n'a pas dû oser. Pourtant, je l'aurais pris positivement. Je ne dis pas que cela aurait suffi à emporter ma décision, mais disons que c'était une logique politique que j'aurais entendue. Je la remercie de sa visite et lui demande un petit délai de réflexion, car j'ai une autre visite dans quelques heures : François Hollande. Il s'est fait déposer de l'autre côté de la tour Montparnasse, afin que même son chauffeur ne soit pas au courant, et il me rejoint à pied, en longeant toute la rue, à l'heure où le soleil décline. Ma fidèle secrétaire lui ouvre la porte qui donne sur la rue et l'accompagne à l'étage. Il s'assied à la même place où se trouvait Martine le matin. Je ne sais pas comment je fais pour réussir encore à me dédoubler entre le corps privé et le corps public mais mon attitude est normale, cordiale, même. Il me demande mon soutien. Je le vois inquiet. Je lui dis : « Tu as peur de te faire disputer si "on" apprend que tu m'as rendu visite ? Ou tu as peur que je ne te soutienne pas ? » Si le moment n'était pas aussi crucial, on pourrait en rire. Pour une fois, l'humour est de mon côté.

Je réponds comme à Martine, que je vais encore un peu réfléchir. Car je veux encore prendre le temps d'échanger avec mes proches. Mes amis me rejoignent. Les avis sont partagés.

Rentrée chez moi, je consulte mes enfants.

Je trouve, une fois de plus, les uns et les autres d'une grande délicatesse. Et je mesure une fois encore la force d'esprit et l'affection. Ils me disent de décider librement et de faire comme je le sens.

Donc je fais ce qui va le moins les perturber : je soutiens leur père. J'annonce ce choix au 20 heures de France 2 le 12 octobre et je l'assume pendant la campagne présidentielle qui suit. Sur le plan personnel, je vais avoir droit au pire, et sur le plan politique, être écartée du meilleur.

**Et l'entrée au gouvernement,
ça se passe comment ?
Pourquoi vous n'y entrez pas dès 2012
alors que vous avez joué un rôle clef
au moment crucial des primaires ?**

C'est vrai. La logique politique l'aurait voulu. Mais vous avez remarqué qu'envers moi la logique politique a toujours fait des exceptions ! C'est souvent le cas avec les femmes, les exceptions qui ne confirment pas la règle.

Après l'élection présidentielle, comme il se doit, les grands leaders politiques sont consultés et se rendent en audience à l'Élysée. Sauf moi. Tous les candidats aux primaires deviennent ministres. Sauf moi.

En fait, je suis consultée, pour tout dire. Mais en secret. Pour ne froisser personne. On me donne rendez-vous au Sénat, dans l'appartement du questeur Jean-Pierre Bel. Il n'y a que lui au courant. Je franchis une porte cochère puis, au bout d'une petite cour pavée, un petit perron. Et là, un appartement en rez-de-chaussée donnant sur un charmant petit jardin clos, meublé assez simplement mais confortable et clair. Une voiture aux vitres teintées est venue me chercher pour me conduire ici. Quatre rendez-vous clandestins au total.

Des membres de la sécurité de l'Élysée attendent dans la cour, et d'autres me conduisent jusqu'au salon. À ce moment-là je ne sens pas l'absurde de la situation, c'est en le racontant que je le mesure.

François Hollande arrive quelques minutes après. Il est heureux. Sans rancune, je le suis pour lui. Il me demande mon avis sur tout. En un sens, il se demande comment j'aurais fait. Quelles sont mes idées, mes convictions, mes intuitions, comment je verrais le gouvernement. Je lui parle avec loyauté et avec le souci de l'aider à réussir, faisant abstraction de tout. Distinguant encore le corps privé du corps institutionnel. Et je lui donne un bon conseil qu'il a eu tort de ne pas suivre : « Attention à l'été, lui dis-je. Pas de maillot de bain, pas de peopolisation, rien que du travail. » On connaît l'été ravageur qui suivra.

À l'extérieur, je me demande ce qu'ils peuvent imaginer. L'opération est quand même un peu scabreuse. Imaginez si ces rendez-vous secrets s'ébruitent ! Me voici dans le rôle de la visiteuse clandestine. Encore l'invisibilité à laquelle on m'assigne.

Mais le piège se referme. « Bon, j'aurai besoin de toi à la présidence de l'Assemblée, donc tu ne rentres pas au gouvernement. » On sait bien l'un et l'autre que ce n'est pas la vraie raison. Il évoque d'ailleurs à demi-mots la difficulté à « gérer le mercredi » (jour du Conseil des ministres). Je ne dis rien, et d'ailleurs je n'ai rien demandé, ayant sans doute déjà intégré le problème. Erreur funeste. Ne pas être de ce premier gouvernement constituera un vrai problème dans ma campagne pour les législatives à La Rochelle. Et d'ailleurs, tous les présidents de l'Assemblée depuis le début de la cinquième République ont fait partie du premier gouvernement issu de l'élection présidentielle. François Hollande est trop fin connaisseur de la vie politique française pour l'ignorer. Mais il réglait d'abord son problème personnel à court terme.

Et moi, j'intégrais par la force des choses ce problème, parce qu'il s'agissait de la France à présider et à gouverner, et que je ne voulais pas être à l'origine d'une crise abîmant ce début de quinquennat. Et puis, cela devenait presque une habitude, cette invisibilité. La veille de son investiture, François Hollande m'avait appelée pour me demander de ne pas venir. « C'est trop compliqué », me dit-il. Soit. Trop compliqué.

Et le tweet ? On n'a jamais entendu votre version ni su ce que vous en pensiez.

Il fait beau sur La Rochelle et Martine Aubry et Cécile Duflot sont là. Cela faisait plaisir aux militants. Moi je n'ai jamais fait venir des leaders nationaux dans mes campagnes de terrain. Mais elles sont sincèrement fâchées du maintien de la candidature dissidente que désormais la droite rallie et m'ont proposé de venir par solidarité entre femmes. J'ai trouvé le geste sympa et j'ai dit oui.

Nous sommes attablées à la terrasse d'un café sur le port. L'ambiance est joyeuse et bon enfant. Je vois alors le visage de Martine se décomposer. Elle chuchote à l'oreille de Cécile. Elles paraissent effondrées et me regardent, consternées. « Ségolène on a quelque chose à te dire. » On s'écarte un peu, elles me montrent la dépêche sur leur téléphone. C'est une blague ? Ça n'a pas l'air d'en être une. C'est violent. La presse, nombreuse, me presse de réagir. Je suis incapable de trouver un mot juste, tout simplement, parce que je ne sais pas gérer une telle situation. J'en flaire le danger. En dire trop et faire rebondir l'affaire en me tirant vers le bas ? En dire pas assez et minimiser le coup porté ?

Donc je ne dis rien et j'encaisse en silence, comme souvent quand je reçois un coup.

« Tu en auras bouffé quand même, Ségolène », me lance Cécile. « Ouais. Alors ça c'est vrai », renchérit Martine. On n'en revient pas. Elles sont reparties pour Paris et j'ai poursuivi ma campagne, avec du plomb dans les chaussures.

Quel est le secret de votre résilience ? Comment faites-vous pour résister ?

Un secret ? Plutôt une sorte de philosophie de la vie acquise au cours du temps et avec les épreuves. C'est comme pour l'écologie : comment transformer une crise en opportunité. Donc, comment voir dans un échec ou une épreuve l'ouverture d'autres possibles. Pas toujours simple sur le coup. Et parfois l'épreuve est trop violente pour se montrer zen tout de suite.

Dit autrement : quand on n'a pas ce que l'on aime, il faut aimer ce que l'on a. Ou encore : le bonheur ne dépend pas de ce qui nous manque, mais de la façon dont nous nous servons de ce que nous possédons.

À une époque où je me suis sentie vraiment mal, je me suis obligée à faire du yoga. Pour la première fois. Le professeur indien, voyant sans doute que je ne parvenais pas à me détendre, m'a demandé si je voulais connaître la parabole du médecin qui se fait cracher sur la tête tous les matins. J'étais intriguée. « Oui, bien sûr, cela m'amuse, allez-y. »

« Tous les matins un médecin partait au travail. Comme il habitait au rez-de-chaussée le voisin du dessus lui crachait sur la tête. Tous les jours. Un matin, exaspérée, sa voisine d'en face lui dit : "Mais pourquoi vous laissez vous faire ? Pourquoi ne réagissez-vous pas ?" Alors il a cette réponse : "Mais ce n'est pas moi qui ai un problème, c'est lui. Non, ce n'est pas moi. C'est lui." »

Essayez cette méthode, c'est très efficace. Face à l'agressivité, pour rester très calme, se dire immédiatement : c'est la personne agressive qui a un problème. Pas moi. Et ne pas se laisser contaminer par cette agressivité.

Songez aussi que l'agressivité a plusieurs motivations : une demande d'attention chez les enfants, par exemple, qui attend donc un soin en réponse, plutôt qu'une répression inutile. La jalousie chez l'adulte, et l'on retrouve la parabole c'est lui qui a un problème.

Vous avez d'autres repères de cette nature ?

Oui, bien sûr. Des repères simples comme cette jolie phrase : au lieu de te désoler que les roses aient des épines, réjouis-toi que les épines aient des roses. Joli, non ? C'est tout simple. Une vision positive de la vie.

Il faut aussi savoir se reconnecter à la nature. Face au ciel, devant l'océan, en montagne, en forêt, en arrêt devant les étoiles, un oiseau ou une abeille dans un simple jardin sont des moments de ressourcement irremplaçables. Absorber la sérénité de la nature, c'est nous relier à la chaîne du vivant dont nous dépendons. Cela nous redonne une capacité d'attention sans laquelle nous serions ballottés par les sollicitations des écrans omniprésents.

Ce sont aussi les fondamentaux de la méditation et de la concentration. Regarder sans jugement. Se concentrer sur sa respiration. Sourire, sur son visage comme à l'intérieur de soi. S'astreindre parfois à ne ressentir aucune émotion : ni empathie, ni haine, ni exaspération.

Puis reprendre l'empathie et la pleine conscience des événements positifs. Musique, nature, amitié, amour, moment positif dans son travail. La maîtrise des sentiments décuple ensuite le plaisir des bons moments. Christophe André a fait une œuvre remarquable, parce qu'accessible à tous, sur ces sujets.

Après ma défaite à la présidentielle et lors de la terrible humiliation personnelle, puis politique, j'ai beaucoup lu et beaucoup réfléchi. Sur ce qu'était la sagesse ou la force mentale.

La sagesse commence par l'acceptation de l'inévitable et se poursuit par la transformation de ce qui peut l'être. Or, souvent, on veut changer ce qui ne dépend pas de nous et ne pas faire évoluer ce qui en dépend. Ce qui dépend de nous, ce sont nos désirs, nos opinions, nos espoirs. Ce qui ne dépend pas de nous ne peut être changé. Le corps, la naissance, l'histoire familiale, etc.

C'est très important, car c'est lié à l'estime de soi. Cela peut se transposer à tout un pays pour qu'il ait confiance en lui-même : il faut que chaque individu ou organisme qui le compose ait confiance en lui-même.

**Vous avez surmonté des épreuves lourdes.
C'est d'abord votre tempérament
ou également le fruit d'un travail ?**

Il m'a fallu du temps pour comprendre certaines choses. Et je les partage volontiers, même si, face aux épreuves, tous les chemins sont différents. Mais on peut avoir des repères pour s'y retrouver, comme lorsque l'on perd sa route.

Après toutes ces années, je dirais ceci : bien des souffrances viennent du déni de ce qui est et donc de la résistance à l'adaptation aux nouvelles circonstances. Parce que le déni, croit-on nous protège. C'est cela, le plus difficile à réaliser et à faire bouger. Et le plus problématique c'est de trouver autour de vous celles et ceux qui ne vont pas aller dans ce sens. Or, quand vous êtes engagé avec des équipes, certaines sont encore plus prisonnières de la négation de ce qui est, car cela les remet directement en cause, et leur dévouement, souvent immense, se confond avec le *statu quo*, plus réconfortant.

En un mot, la qualité la plus précieuse, c'est le discernement, de ce qui est, de ce qui doit bouger, de l'acceptation de ce qui nous contrarie.

Vous en avez fait une philosophie de vie ?

Oui. Et aussi une philosophe de l'action. Elle rejoint tout ce que l'on a appris des grands penseurs ou philosophes. Connais-toi toi-même. Pour changer le monde, commence par te changer toi-même. Ces phrases que l'on ne comprend pas vraiment quand on les découvre au lycée, je les ai comprises des années plus tard, à la lumière de l'expérience. Parfois je me suis dit : « Mais pourquoi ai-je compris cela si tard ? » En fait c'est logique : l'expérience instruit plus que le conseil.

Mais vous pratiquez un entraînement mental ?

À ma façon. Chacun doit inventer sa façon de le faire. Pour ma part, je l'ai fait en lisant beaucoup, mue par une forte volonté de comprendre les épreuves de la vie et la façon de les surmonter, et surtout de les relativiser.

Si je peux modestement aider celles qui vont me lire, je vais vous confier quelques découvertes. Je dis « celles », parce qu'il y a une part de difficulté supplémentaire pour les femmes, compte tenu de leur enferment multiséculaire dans la culpabilité.

D'abord apprendre à regarder avec recul ce qui arrive. On est éduqué, trop souvent, à la méfiance et à la suspicion. On apprend cela à un enfant parce que l'on veut le protéger des risques et de la naïveté. Plus tard, lorsque l'on vit une trahison, un manquement, une méchanceté, on en est beaucoup plus marqué que lorsque l'on vit des amitiés, des engagements, du désintéressement. Et, en politique, on reçoit les deux à haute dose, si je puis dire. Mais les relations négatives ou toxiques laissent beaucoup plus de traces que les positives. Donc, c'est ce déséquilibre qu'il faut corriger. Sinon s'installe une sorte de stagnation dans la méfiance. Par crainte d'une nouvelle souffrance ou d'une nouvelle déception.

J'ai eu des périodes de ma vie très marquées par la méfiance, suite à des manquements. Et grâce à des observations bienveillantes de mes proches ou de mes enfants (mais pourquoi tu es si méfiante ?), je me suis améliorée.

Avez-vous déjà eu peur ?

Oui, bien sûr.

Cette peur n'est pas synonyme de manque de courage, puisqu'au contraire elle demande beaucoup de courage pour être dépassée. Mais il arrive qu'elle paralyse notre action. Et c'est contre cette paralysie, cette aliénation venue du fond des tripes, que les femmes doivent lutter aujourd'hui.

En n'ayant plus jamais peur d'espérer, de désirer et de se réaliser. En n'ayant plus jamais peur de vivre. En ne se cherchant plus des excuses pour ne pas faire.

C'est parce que j'ai vécu de tels moments que je peux dire aujourd'hui à toutes les femmes : n'ayez pas peur de prendre des risques, ne vous censurez pas, n'ayez pas peur d'aller au rendez-vous de vos choix intimes profonds. C'est ainsi que vous traverserez toutes les épreuves. Et si vous vous demandez : « Je fais ça, ou je le fais pas ? », faites-le. Ça vaut aussi conseil pour les jeunes générations qui entrent dans la vie, filles ou garçons.

**Comment expliquez-vous cet écart
entre le regard critique que les citoyens
posent sur les politiques et le sentiment
ressenti par les politiques selon lequel
ils font des sacrifices, ils se dévouent
au bien public ?**

J'ai toujours durement ressenti le dénigrement, le « tous pourris », hélas si fréquent. Pour ma part, j'ai toujours vécu ma vie politique comme un engagement, sans jamais me demander ce que je pourrais en retirer. Et en sacrifiant beaucoup de temps. J'ai toujours pensé qu'une vie réussie demande un engagement. Et essayé de toujours résister à la victimisation, toujours prompte à s'installer. Il y aurait d'ailleurs beaucoup à dire sur la victimisation, cette certitude que c'est toujours de l'extérieur que vient le mal et que c'est de l'extérieur que viendra la solution. Une sorte de refus de voir sa propre responsabilité dans ce qui nous arrive. Et donc sa capacité à s'en sortir.

Pour les femmes l'équilibre est encore plus difficile à trouver : comment surmonter la tendance à l'autodénigrement et la mise perpétuelle en doute de soi tout en restant à distance de la victimisation. Voilà le vrai dilemme. La clef de ce dilemme à résoudre et à gérer, j'ai mis longtemps à la trouver. Je vais vous la confier ici : c'est la responsabilité.

Comment ça, la responsabilité ?

Oui, au sens où la responsabilité va avec la liberté. J'ai mis un peu de temps à le comprendre : être humain, c'est être responsable. C'est éprouver de la tristesse en face de celle des autres. C'est être fier d'un succès que d'autres ont remporté. C'est sentir, en posant sa pierre, que l'on contribue à bâtir le monde.

La politique, c'est d'abord la relation aux autres. C'est comme cela que je la vis. Avec une double responsabilité : individuelle et collective, la fraternité humaine.

On s'est beaucoup moqué de ma fête de la Fraternité. Mais qui pourrait aujourd'hui rassembler cinq mille personnes au Zénith sur ce seul idéal ? Et quelle autre valeur aurait été trouvée depuis pour dire cette obligation de compter avec les autres et qui humanise la liberté de l'être humain ?

Quel est à votre avis
le plus grand défaut des Français ?

Certains ont traité les Français de paresseux. D'autres ont vu en eux des jaloux ou des envieux. Ou des allergiques à la réforme. Je ne partage pas ces jugements injustes. Je crois que le plus grand défaut des Français, c'est celui-ci : ne pas être conscients de leur potentiel. Je me suis demandé pourquoi.

Le milieu politique est particulièrement contaminé. La parole positive y est rare. Dire du bien d'autrui, encore plus rare, pour ne pas dire inexistant. La pression d'un métier difficile ? L'esprit de compétition ?

Il y a d'abord, à la base, le système français d'éducation, qui insiste beaucoup plus sur les erreurs et les imperfections que sur les réussites et les points forts. La différence avec les systèmes danois ou finlandais, que je suis allée regarder de près lorsque j'étais ministre de l'Éducation nationale, est flagrante. On y encourage les élèves et les parents d'élèves. On est dans un système inclusif et non éliminatoire. Il est impensable qu'un élève ou des parents d'élèves se fassent réprimander ou humilier comme s'ils faisaient exprès d'échouer à l'école. Au contraire.

Vous pensez comme Emmanuel Macron qu'il faut de la verticalité ?

C'est loin d'être suffisant. Je pense qu'il fait un contresens partiel par rapport à notre époque. Il y a dix ans je théorisais la démocratie participative, sans doute avec plus de dix ans d'avance, puisqu'elle n'est toujours pas réalisée. Emmanuel Macron confond sans doute l'autorité et la juste autorité. Il confond, ou ses conseillers en com' confondent, verticalité et charisme, verticalité et dignité, verticalité et rigueur, verticalité et sobriété. Le mythe de l'homme seul, héritier des rois de France et de Napoléon, ne tient pas en démocratie. Surtout avec 24 % des voix au premier tour, sans compter l'abstention. L'autorité tient un temps seulement et se transforme en autoritarisme. Il faut y substituer la juste autorité, celle qui est co-construite. Et donc plus efficace à exercer car plus acceptée.

Cette façon de dire la verticalité est un concept du monde d'avant. Et même d'avant-avant.

Aujourd'hui, le monde fonctionne en horizontalité et même en réseaux. C'est donc le croisement des deux qui est nécessaire.

La société internet a changé le rapport au pouvoir. Pour le pire et pour le meilleur. Le pire, quand des pervers haineux peuvent diffuser leur poison de chez eux et se faire lire ou entendre là où avant ils n'avaient pas de capacité de nuisance. Agressions verbales, diffamation, dénigrement, insultes, les hommes et femmes politiques subissent désormais des attaques inimaginables il y a quelques années.

L'autre révolution, c'est celle de l'intelligence artificielle. Quelle part va rester au libre arbitre humain ? Comment en garder le meilleur et pas le pire ?

Vous croyez que les gens s'intéressent à cela ?

Oui, bien sûr, ils sentent que les repères bougent. C'est justement le rôle du politique que de s'y intéresser, de révéler les nouveaux enjeux et de tracer les perspectives et les choix. Ma conviction profonde, c'est que le discrédit du politique vient de son incapacité à analyser et à penser le siècle qui vient. J'ai toujours cherché dans mes responsabilités à inventer de nouvelles réponses pour anticiper le futur. La transition énergétique en est une.

Quels sont les grands enjeux des années à venir ?

Des années présentes, vous voulez dire. La gouvernance reste un problème-clef. Le sentiment d'appartenance nationale doit toujours être réinventé. La question religieuse n'est toujours pas apaisée. Par ignorance et par peur. La juste place de la laïcité est encore source de conflits.

La place des femmes est également une question centrale, comme je l'ai déjà dit tout au long de ce livre.

Et puis, bien sûr, la révolution énergétique et écologique. La révolution énergétique ouvre sur une autre civilisation, car c'est une autre relation avec la nature. Ce ne sont pas que des mesures techniques. Il faut nouer un autre rapport avec la nature qui ne soit plus celui de l'exploitation. La nature, est un refuge et peut devenir une menace si elle est maltraitée.

Donc, préservons-la pour qu'elle nous protège et respectons-la pour qu'elle nous respecte.

Mais le problème le plus aigu reste celui des inégalités Nord-Sud et des migrations massives qu'elles provoquent, ainsi que les inégalités à l'intérieur de chaque pays, qui affaiblissent le sentiment d'appartenance et de sécurité.

Avez-vous pardonné à ceux qui vous ont fait du tort ?

Oui, pardonné mais pas oublié.

Je me suis souvent demandé comment faire pour retrouver la paix sans effacer ni banaliser. Comment faire pour que l'agression ou l'humiliation soient bloquées dans le passé et ne restent pas une violence sans cesse revécue et sans cesse ressassée ? En écrivant ce livre, je me suis rendu compte, par la douleur qu'il a provoquée en moi, que le pardon n'était pas total, comme je le croyais. Au fond, il était décisionnel mais pas émotionnel.

En relisant pour les besoins de ce récit les témoignages et certains épisodes, je me suis sentie mal. La plaie s'est rouverte. Le ressentiment que je pensais avoir écarté a repris le dessus, le besoin de réparation, et surtout, surtout, le reproche que je me fais à moi-même d'avoir été victime. De ne pas avoir réagi comme il fallait. De refaire le film des événements les plus violents et de me dire : « Mais pourquoi n'ai-je pas été plus ferme face aux trahisons, pourquoi je n'ai pas laissé mes proches neutraliser tous les poisons et imposer le respect ? Pourquoi me suis-je laissée maltraiter sans rien dire ? » Il paraît que l'on se fait maltraiter quand on se laisse maltraiter. Donc, il faut savoir aussi mettre des barrières et dire non au bon moment, avec la bonne intensité.

J'ai fait l'erreur, à des moments importants, de penser que, dans mon camp politique, nos idéaux étaient partagés. Et c'est peut-être cela, le plus douloureux. Le constat des valeurs blessées. Tenir bon sur ces valeurs ou bien les revisiter à la lumière de leur échec d'incarnation ? Sans doute entre les deux. Je n'ai jamais eu de relation narcissique au pouvoir. Et c'est sans doute pour cela que j'ai sous-estimé la jalousie narcissique des hommes, qui se croyaient plus légitimes, plus intelligents, plus doués etc. Comme l'avait écrit prodigieusement Ariane Mnouchkine en lançant un appel à la gauche méprisante : « Vous allez vraiment faire cela ?

Vous, les subtils, les cohérents, les fins stratèges, vous les plus intelligents, les vrais de vrais, les lave-plus-blanc que blanc ? Vous allez vraiment faire ça ? Vous abstenir ? Ne pas voter ? Pourquoi ? Parce que jupe ? Parce que talon haut ? »

C'est d'ailleurs, tout bien réfléchi, un des secrets de ma résilience. Mais, d'aussi loin que je réfléchisse, je ne me suis jamais projetée durant mes campagnes électorales dans je ne sais quelle posture ou quelle ivresse du pouvoir. Je ne me souviens pas d'avoir ressenti cette petite vanité si perceptible dans les postures physiques de tel ou telle, dans la façon de se tenir, dans celle de marcher, celle d'entrer dans la voiture officielle, celle de gravir les marches de l'Élysée ou d'en redescendre. Je ne regrette donc pas de m'être donnée sans compter. Quand on se donne, on peut parfois se tromper. Mais quand on ne se donne pas, on se trompe toujours.

On rencontre beaucoup de gens dans le malheur lorsqu'on est élu. Dans les permanences, via les courriers, dans la relation avec les habitants de la collectivité dont on est responsable, mairie, département ou région.

Je me suis souvent interrogée : comment garder la bonne distance sans tomber dans l'indifférence ? Comment accepter la compassion que l'on ressent sans tomber dans le transfert de souffrance ?

On m'a souvent reproché un excès de compassion, on m'a traitée de « bonne sœur » (comme si c'était la pire des insultes !). C'est peut-être aussi parce que j'ai voulu traiter des sujets difficiles : bizutage, racket, crime de pédophilie, enfance maltraitée, échec scolaire, violences faites aux femmes, pollution et blessures faites à la nature. Combien de fois ai-je entendu : « Ne t'implique pas autant, prends tes distances, tu n'as rien à en tirer, etc. » Je ne pouvais pas prendre mes distances. Je voulais seulement que justice soit faite. J'ai eu gain de cause, mais ce fut souvent violent, pénible et éprouvant. Et si c'était cela qui me permettait d'être aujourd'hui, sereine et en vérité avec moi-même ?

Comment vivez-vous le temps qui passe ? Regrets ou nostalgie ?

J'aime bien la pensée de Michel Serres sur l'avancée en âge. Au milieu de sa vie, c'est le moment, paradoxalement, de chercher ce « grain de la vie ». Que pouvons-nous améliorer dans la seconde partie de notre vie ? Rester curieux de la suite. Faire que le temps apporte plus de choses qu'il n'en retire.

Par exemple, j'ai développé le sens de l'humour et de l'autodérision. J'ai compris qu'il valait mieux anticiper la critique et devenir son propre caricaturiste que de laisser les autres s'emparer de sujets en les ridiculisant. Comme dit un beau proverbe, le plus grand voyageur est celui qui a su faire une fois le tour de lui-même.

Conclusion

Au terme de ce témoignage, forcément partiel tellement il y aurait eu de choses à dire, je voudrais en partager quelques conclusions avec vous, même avec ceux qui sont découragés par la politique ou indifférents, car je crois, moi, que, même si le système est imparfait, il ne faut pas s'en détourner mais au contraire peser pour le modifier de l'intérieur.

D'abord je voudrais en partager une leçon de vie face aux violences et aux épreuves afin de répondre à la question « Que fait-on de sa douleur ou de sa tristesse ? » Il y a trois possibilités. La première : le repli sur soi et sur ses proches, comme si l'isolement offrait une protection. En quelque sorte, se mettre dans une bulle. Ça m'est arrivé et ça n'a jamais été positif.

Deuxième possibilité, le ressentiment sans fin, la volonté de vengeance, qui peut aller jusqu'à la haine, parfois compréhensible. Je n'ai jamais connu cet état d'esprit, heureusement, mais je comprends celles et ceux qui ont traversé cette phase lorsque le malheur s'est abattu sur eux dans leur vie privée ou professionnelle.

La troisième possibilité, c'est de puiser dans ses épreuves une motivation. Avec lucidité, sans rien oublier, afin de s'engager dans un monde à humaniser. Redoubler d'implication et agir pour sa propre dignité d'abord, mais aussi pour celles des autres.

Ce qui est à remarquer, c'est que le même raisonnement s'applique à la question des inquiétants dérèglements climatiques et des destructions de la nature.

Là aussi, il y a trois possibilités. Soit le repli sur soi, c'est-à-dire s'enfermer dans les intérêts nationaux en refusant de voir l'impact des décisions locales sur le déséquilibre planétaire.

Soit le ressentiment sans fin contre les prédateurs, les pollueurs et les cyniques, où la dénonciation, le catastrophisme et la diatribe remplacent la volonté politique.

Soit, enfin, trouver dans ces défis à relever une motivation puissante en considérant que ces défis et ces crises constituent également des opportunités et des chances à saisir.

De ce point de vue, l'action politique doit conduire à s'opposer aux dogmatismes ou aux corporatismes, d'où qu'ils viennent, à toutes les formes de conservatisme, dès lors qu'ils reflètent des rapports de force injustifiés.

Tout au long de ma vie, j'ai eu la chance de parvenir à ouvrir des brèches, à inventer des futurs possibles, à donner la parole aux sans voix, qui souvent avaient senti les choses avant tout le monde. Et de laisser une trace, une belle trace, de femme politique qui a imposé sa présence dans un monde d'hommes, et d'une écologiste qui a fait reculer les lobbies. Pour un but aimé et librement choisi, nous sommes toutes et tous capables d'étonnants efforts.

Le féminisme positif

Comme l'écologie positive, nous devons faire avancer le féminisme positif. Au risque de choquer certaines féministes (dont la radicalité est bien sûr irremplaçable pour faire avancer la dignité des femmes), je voudrais dire que nous avons besoin des hommes pour éradiquer les violences faites aux femmes.

La déconstruction des relations de pouvoir entre les genres ne peut se faire sans l'implication des hommes, comme l'a démontré l'anthropologue Françoise Héritier.

Il faut donc transformer la vision que les hommes ont de l'organisation du monde. Il faut les convaincre de s'attaquer aux postures dont ils sont bénéficiaires. Comment faire ? En leur montrant qu'ils en sont aussi les victimes. De tout temps, la différence des sexes a justifié les inégalités fondamentales entre les femmes et les hommes. Ce que Françoise Héritier appelait « la valence différentielle des sexes ».

La revendication d'égalité entre les genres suscite des réactions de rejet violent ou de résistance. Donc l'implication des hommes est indispensable pour faire reculer ces réactions : dénonciation des comportements sexistes et violents, remise en cause des stéréotypes. Et il faut aussi travailler sur les avantages que les hommes auraient à retirer d'une société plus égalitaire.

C'est typiquement ce que j'ai voulu par exemple faire avec le congé de paternité et la parité parentale. Le plus juste partage des tâches qui s'accompagne d'une liberté nouvelle pour les hommes qui en étaient dépossédés, ou s'en dépossédaient eux-mêmes du fait du préjugé du paternage comme antinomique de la virilité.

Pas facile, pour les hommes, de remettre en cause les situations acquises, le confort et les privilèges liés à leur position dominante.

Il faut donc trouver des raisons positives pour eux de lâcher prise, notamment en leur faisant réaliser qu'ils sont, eux aussi, assignés à des rôles qui les emprisonnent.

Des signes positifs en ce sens s'observent tous les jours. J'ai parlé au début de ce livre du « basculement des pères » qui n'acceptent pas que leurs filles soient victimes de frotteurs ou de harceleurs, ou pire. La révolution qui s'est déclenchée avec #metoo (que l'on doit d'ailleurs à un journaliste homme) et qui a fait moins de bruit, c'est la stupeur de millions d'hommes qui ont découvert ce continent caché des femmes maltraitées, insultées, malmenées, frottées, frappées, violées, et leur immense enfermement dans la loi du silence.

Alors, si tous ces hommes se disent : jamais pour ma fille, pour ma sœur, pour ma compagne, pour ma mère, pour ma voisine, nous arriverons bien à faire « plus jamais ça ». Le temps est venu, *the time is up*. #TimesUp.

TABLE

CRÉDITS PHOTOGRAPHIQUES

De haut en bas et de gauche à droite :
Page 1 : D.R. ; D.R. ; D.R. ; © Mark Garten/UN/Sipa USA ; D.R. ; © Éric Feferberg/AFP ; © Cyril Moreau/BestImage ; D.R. ; D.R.
Pages 2 et 3 : © Antoine Gyori/AGP/Corbis via Getty Images ; D.R. ; © Jean-Claude Coutausse/french-politics.com ; © Martin Bureau/AFP ; © Martin Bureau/AFP ; © Jean-Luc Luyssen/Gamma-Rapho via Getty Images ; © Haley/Facelly/Sipa ; © Jean-Luc Luyssen/Gamma-Rapho via Getty Images ; © Jean-Luc Luyssen/Gamma-Rapho via Getty Images.
Page 4 : © Claude Azoulay/Paris Match/Scoop ; *TIME* (édition Europe, Middle East and Africa), vol. 168, n° 13, 18 septembre 2006 ; © John Schults/Reuters Pool/AFP ; © Abacapress ;

Composition et mise en pages
Nord Compo à Villeneuve-d'Ascq

Impression réalisée par
CPI BRODARD ET TAUPIN
La Flèche

pour le compte des Éditions Fayard
en octobre 2018

PAPIER À BASE DE
FIBRES CERTIFIÉES

Fayard s'engage pour
l'environnement en réduisant
l'empreinte carbone de ses livres.
Celle de cet exemplaire est de :
1,000 kg éq. CO$_2$
Rendez-vous sur
www.fayard-durable.fr

Imprimé en France
N° d'impression : 3030586
49-1896-8/01